PREMIER CONGRÈS INTERNATIONAL

DE LA

PRESSE MÉDICALE

PARIS [26-28 JUILLET 1900]

SOMMAIRE

RAPPORTS SUR LES QUESTIONS MISES A L'ORDRE DU JOUR

INTRODUCTION

J.-V. LABORDE : Rapport sur l'opportunité de la fondation d'une Association internationale de la Presse Médicale et les conditions dans lesquelles devra fonctionner cette Association. — POSNER : Association internationale de la Presse Médicale.

M. POUILLET, G. ROCHER et DE MAURANS : De la Propriété littéraire et artistique en matière de presse médicale, au point de vue de la loi française. — F. ALCAN : Le droit de reproduction des gravures. — M. Marcel BAUDOUIN : De la propriété de l'idée et de la propriété de la forme de l'idée dans le journalisme scientifique.

Rapports en quatre Langues : Allemand, Anglais, Français et Italien

INFORMATIONS GÉNÉRALES SUR LE CONGRÈS

PARIS

INSTITUT INTERNATIONAL DE BIBLIOGRAPHIE SCIENTIFIQUE

93, BOULEVARD SAINT-GERMAIN, VI

1900

"

PREMIER CONGRÈS INTERNATIONAL

DE LA

PRESSE MÉDICALE

ORGANISATION

DU

SERVICE MÉDICAL ET PHARMACEUTIQUE

DANS LES

SOCIÉTÉS DE SECOURS MUTUELS (1)

Le Comité d'organisation du Congrès international de la Mutualité a bien voulu me charger du soin de présenter à ce Congrès un rapport sur l'organisation du Service médical et pharmaceutique en France, dans les sociétés de secours mutuels.

Malgré l'étendue de la tâche, je l'ai acceptée parce que j'ai trouvé des documents importants dans mon Rapport sur le service médical au Congrès national tenu à Bordeaux en 1892, et que M. Georges Fauché, à la même date, a publié un rapport très complet sur le service pharmaceutique. J'ai fait à ces deux mémoires de nombreux emprunts, et j'ai rencontré aussi en M. Émile Bernard, mon ami, ancien pharmacien de Bordeaux, membre honoraire de plusieurs sociétés, et en particulier du *Syndicat girondin des Institutions de Prévoyance*, un collaborateur fort compétent pour la question pharmaceutique.

Mon travail se divisera tout naturellement en deux parties : *Service médical* et *Service pharmaceutique*.

PREMIÈRE PARTIE

I. — SERVICE MÉDICAL

1. — PRÉLIMINAIRES

On peut sans témérité, affirmer que le service médical est un élément essentiel de la Mutualité, et il l'est surtout lorsqu'il s'agit d'une véritable société de secours mutuels telle que la dé-

(1) Ce mémoire est le compte rendu présenté sur la question au Congrès international de la Mutualité tenu à Paris, du 6 au 10 juin 1900.

finit l'article 1ᵉʳ de la loi du 1ᵉʳ avril 1898 dont voici le texte :

« Les sociétés de secours mutuels sont des associations de pré« voyance qui se proposent d'atteindre un ou plusieurs des buts
« suivants : assurer à leurs membres participants et à leurs familles
« des secours en cas de maladie, blessures ou infirmités. » Or, le
premier secours pour l'homme malade, le plus important, c'est
celui du médecin : il faut savoir, en effet, ce que le malade souffre,
et quelle peut en être la cause, si l'on veut y remédier promptement et efficacement.

D'après le même article, je sais bien qu'une société peut être de
secours mutuels, et n'avoir en vue que la retraite. Celle-ci a moins
besoin que la précédente d'un service médical organisé, il lui
suffit d'obtenir, dans certains cas, des certificats médicaux, et alors
seulement intervient accidentellement un médecin qu'il lui est
facile de désigner si elle a intérêt à faire ce choix elle-même.

Il existe aussi des institutions qui ont bien la prévoyance pour
but, mais qui ne sont nullement des sociétés de secours mutuels;
ce sont, pour la plupart, des Caisses d'assurance qui n'ont cure
ni des soins médicaux ni des frais funéraires. Ces sociétés ne relèvent pas de mon sujet, et je n'aurai point à en parler dans le
courant de ce rapport, ne conservant ainsi dans mon cadre que
les véritables sociétés désignées à l'article 1ᵉʳ de la loi.

Depuis quelques années, cependant, certaines sociétés ont introduit dans leur service médical des dispensaires, des médecins
spécialistes et autres nouveautés, ce qui m'oblige à constituer deux
chapitres, l'un le *service médical proprement dit*, et l'autre : les
annexes du service médical.

II. — HISTORIQUE

La question du service médical a dû préoccuper les sociétés dès
l'origine, et il est probable que les premiers congrès locaux tenus
à Reims (1880), Paris (1881), Rouen (1882), Marseille (1882), etc.,
ne la passèrent pas sous silence. Malheureusement, nous ne possédons à cet égard aucun document, et il faut arriver au premier
Congrès national, celui qui fut tenu à Lyon en 1883, pour retrouver
un programme, une discussion et des conclusions qui ont servi
de guides aux études subséquentes.

Le programme contenait six questions se rattachant à ce service,
qui furent étudiées par la 4ᵉ commission et la 7ᵉ.

Trois ans après, les mêmes questions se reproduisirent au

Congrès national de Marseille et y formèrent l'objet des 7e, 9e, 10e et 14e questions.

Ces questions furent étudiées par la troisième commission et la discussion se ressentit des solutions obtenues à Lyon : elle fut plus rapide et plus synthétique; mais les votes ne furent pas toujours les mêmes, ce qui prouve et l'indépendance absolue de chaque Congrès, et aussi l'étude plus complète de chaque question.

En 1887, au Congrès régional du Havre, la 9e section examina les mémoires qui lui furent envoyés sous ce titre : « *Services hospitaliers* : services médicaux, chirurgicaux, pharmaceutiques, établissements thermaux, bains, appareils, indemnités journalières, avec les explications suivantes : Rechercher les moyens de résister à certains établissements hospitaliers qui prétendent exiger une allocation journalière pour recevoir et traiter les membres des sociétés de secours mutuels;

« Rechercher le moyen de résister aux prétentions toujours croissantes de certains médecins et chirurgiens;

« Rechercher le moyen de tarifer les opérations chirurgicales, les visites de nuit et les visites en consultation;

« Rechercher les moyens de fonder des dispensaires et d'avoir des médecins s'occupant spécialement des Sociétés. »

Je passe à dessein les paragraphes qui se rapportent à la question pharmaceutique.

Six mémoires furent envoyés à ce concours, et, quel que soit le mérite intrinsèque de chacun d'eux, je dois dire qu'aucun n'est assez complet pour donner une solution raisonnée et scientifique de ce vaste service.

Cela prouve que si les concours sont utiles aux progrès de la Mutualité, il est bon de restreindre le champ d'études de chacun d'eux, tout en multipliant davantage le nombre de ces Congrès.

Il est juste d'ajouter que ces travaux ne sont pas sans intérêt et que j'y ai puisé des renseignements utiles.

Un an après (1888), c'est au Congrès régional de Bordeaux que les mutualistes adressèrent leurs travaux sur le service médical, et c'est la 2e section qui s'en occupa. Huit mémoires furent envoyés. La plupart des auteurs crurent devoir traiter trop de questions et comme le nombre des pages devait être limité, chaque chapitre en était écourté et forcément incomplet. Ainsi que l'a dit bien des fois H. Maze, ce n'est pas en embrassant tous les problèmes à la fois que la Mutualité arrivera à les résoudre; c'est en les étudiant l'un après l'autre qu'elle pourra présenter des solutions raisonnées et un ensemble coordonné.

Pénétré de cette sage pensée de son regretté président, transportée du domaine scientifique dans l'œuvre mutualiste, le Congrès de Paris s'en tint aux trois questions qui avaient été présentées par le Comité d'organisation, et celle du service médical ne fut pas abordée.

Il n'en fut pas de même au Congrès de Philippeville (1890), pendant lequel furent lus, à la 5e section, plusieurs mémoires importants tels que : *De la vaccination et de la revaccination pour l'admission dans les sociétés de secours mutuels*, par M. le docteur Grange, membre de l'*Union médicale et pharmaceutique* de Paris.

— *De l'économie dans les sociétés de secours mutuels par la coopération du service médical et pharmaceutique*, par M. Savigny, président de l'Union médicale et pharmaceutique de Paris. — *Projet de modification dans les Statuts de secours mutuels en ce qui concerne les secours médicaux*, par M. Mercier, officier d'Académie, sous-chef d'atelier au P.-L.-M., à Philippeville, etc.

Le IVe Congrès national, tenu à Bordeaux en 1892, avait également mis à l'étude le *service médical*, et quant au service pharmaceutique, il parut d'une importance assez grande pour faire l'objet d'un rapport spécial dont M. Georges Fauché fut chargé.

Depuis le IVe Congrès national, la question médicale et pharmaceutique n'a plus figuré officiellement dans le programme des divers Congrès qui se sont succédé. Des vœux ont pu être discutés et votés, mais la matière semble épuisée quant aux devoirs et aux droits des sociétés dans la question. Dieu veuille que l'entente s'établisse partout et soit partout durable !

III. — SERVICE MÉDICAL PROPREMENT DIT

En quoi doit consister ce service médical ? A procurer au sociétaire malade, à quelque degré qu'il le soit, les soins d'un médecin ayant le droit d'exercer en France. Il y a en ce moment deux ordres de médecins, les docteurs en médecine et les officiers de santé ; ces deux ordres ont évidemment le droit de remplir le service auquel je fais allusion.

Plus tard, les officiers de santé disparaîtront puisqu'on n'en reçoit plus, et alors le service n'incombera plus qu'à des docteurs. (Loi du 30 novembre 1892.)

Mais il y a aussi les sages-femmes? Quel est, ou plutôt, quel devrait être leur rôle? Il y a également les médecins-dentistes. Pouvons-nous les passer sous silence à une époque où l'anatomie et la physiologie de la bouche ont fait d'aussi grands progrès? C'est ce que je me permettrai d'examiner à la fin de ce rapport, réservant de la même façon l'intervention des sages-femmes dans les accouchements naturels, la question des opérations et toutes celles en gé--néral que l'examen du service médical pourra intercurremment soulever, telles que les *visites de nuit,* les *médecins spécialistes,* les *dispensaires,* les *vaccinations* et *revaccinations,* les *garde-malades,* les *opérations chirurgicales,* les *hôpitaux* et *hospices,* etc...

Chacune de ces questions formera une tête de chapitre et tout en étant aussi complet que le veut l'importance du sujet que je traite, je chercherai à être aussi concis que l'exige la courte durée du Congrès dans lequel tant d'autres questions sont à l'étude.

1° Rapports des sociétés avec le corps médical.

Ces rapports, constatons-le avec satisfaction, sont généralement bons : ils sont, dans tous les cas, bien meilleurs qu'ils ne l'étaient il y a trente ans.

Le décret-loi du 26 mars 1852 donna une impulsion aux sociétés mutuelles qui se développèrent en grand nombre et effrayèrent quelques esprits timorés du corps médical ne sachant pas apprécier les avantages que la mutualité allait apporter à toutes les classes, et dont les médecins eux-mêmes bénéficieraient.

La question fut portée devant l'*Association générale des médecins de France* où deux rapports remarquables de M. Davenne mirent au point les revendications des médecins et les apprécièrent à leur juste valeur.

Quelques-uns de mes confrères allèrent jusqu'à proposer que les médecins ne fissent pas plus attention aux sociétés, que si elles n'existaient pas ; leurs membres devaient être soignés comme de simples clients ordinaires et devaient payer les honoraires directement au médecin.

Bordeaux, je le dis à sa louange, fut une des villes qui repoussèrent cette solution radicale, je devrais dire brutale, et l'un des membres de l'*Association médicale de la Gironde,* ancien professeur à notre Faculté de médecine (1), fit ressortir que le corps médical ne pou-

(1) Le docteur Azam, aujourd'hui décédé.

vait repousser la Mutualité et la combattre puisque lui-même en usait en fondant des sociétés locales et une Association générale à Paris.

Les sages conseils de M. Davenne furent entendus, et l'Assemblée générale du 27 octobre 1862 adopta des conclusions on ne peut peut plus conciliantes qui scellèrent un mariage de raison, sinon d'amour, entre les sociétés mutuelles et le corps médical. De ces conclusions je ne retiendrai que les deux suivantes, pour vous montrer de quel esprit pacifique et bienveillant était animée la grande majorité des médecins délégués présents à Paris :

« I. — Les associations médicales peuvent, par une convention tacite entre les membres qui les composent, adopter tel mode de rapport et de rémunération qui leur paraîtra le plus convenable et le plus digne de la part des sociétés ouvrières, et le plus conforme aux habitudes et aux exigences de chaque localité. »

« II. — Il est d'autant plus à désirer que l'accord le plus complet s'établisse entre les membres des sociétés médicales sur cette matière, qu'elle ne saurait être l'objet d'une réglementation obligatoire et reste dans le domaine de la conscience et de la dignité professionnelle. »

Vingt ans plus tard, en 1882, la question fut reprise, mais l'esprit de mutualité et de prévoyance avait fait du chemin pendant ces vingt années, et un remarquable rapport de M. le docteur Bucquoy à l'Assemblée générale du 17 avril 1882, fit prompte justice des réclamations qui s'étaient de nouveau produites; la sagesse dont le corps médical avait fait preuve déjà continua à diriger ses votes, et l'on peut considérer la question des rapports entre sociétés et médecins comme résolue par les conclusions que j'ai rappelées plus haut.

Malgré mon désir d'être bref, je ne puis pourtant pas omettre quelques passages de cet intéressant rapport de M. le docteur Bucquoy.

Il dit, par exemple, que « le principe du maintien du bon accord est celui qui doit prévaloir dans les rapports des médecins avec les sociétés de secours mutuels; le meilleur moyen de l'assurer est d'apporter, de part et d'autre, un esprit de conciliation qui permette de faire les concessions nécessaires à l'intérêt bien entendu des deux parties.

« Si quelques sociétés de secours mutuels ne comprennent pas leurs devoirs envers les médecins, un grand nombre sont loin de rester sourdes à leurs plaintes légitimes, et s'appliquent à leur donner satisfaction. Nous en avons la preuve dans le témoignage même de beaucoup de nos collègues qui s'applaudissent de leurs rapports avec les sociétés de secours mutuels. »

Je sais que, malgré toutes ces bonnes dispositions générales, il existe certains milieux dans lesquels l'opinion médicale est peu favorable à nos institutions; mais ce n'est pas à Bordeaux qu'il en est ainsi, ville qui a été le berceau du Comité médical dont je parlerai plus loin.

Mais pourquoi quelques membres du corps médical se sont-ils montrés hostiles à la Mutualité? Avaient-ils des griefs sérieux contre ces institutions démocratiques, ou était-ce sans fondement qu'ils émettaient une opinion si défavorable?

Eh bien, mes chers collègues, je ne crains pas de le déclarer, il y a deux griefs qui ont constamment figuré dans les rapports présentés par ces médecins (1).

A. *Premier grief.* — Les sociétés mutuelles, pour éviter des frais, contractent avec les médecins, des marchés au rabais, et ravalent ainsi la profession médicale de manière, par exemple, à payer trente centimes et moins par visite.

Ce grief me semble bien plutôt imputable au médecin lui-même qu'à la société mutuelle. Lorsqu'une société se fonde, si elle veut accorder à ses membres les secours médicaux, elle cherche à s'entendre avec un ou plusieurs médecins; elle fait ses propositions qui peuvent être acceptées ou refusées. La société s'adresse, s'il y a lieu, à un autre, et quelquefois elle en rencontre un qui accepte les conditions que ses confrères ont refusées. La société est-elle à blâmer de chercher à sauvegarder les intérêts de sa caisse?

Ce sont bien plutôt les médecins que je blâmerais de ne pas savoir se concerter pour traiter avec la société nouvelle.

S'ils comprenaient leurs intérêts de la même façon, il serait difficile qu'ils ne finissent point par s'entendre et par trouver un appui mutuel dans leur concours réciproque. Par cette entente et cet accord, les sociétés sauraient qu'avant tout, elles doivent respecter la dignité médicale qui est pour elles une garantie sérieuse; car il est de leur intérêt, même au point de vue financier, d'abréger le plus possible le temps de la maladie, puisque plus celle-ci dure, plus longtemps le sociétaire a droit à des secours.

C'est dans ce sens que les associations doivent user de leur in-

(1) Ces griefs ont été communiqués une première fois au Congrès-Concours du Havre (1897), mais je ne crois pas inutile de les rappeler ici.

fluence et de tous les moyens de persuasion qu'elles peuvent puiser dans la justice de leur cause et dans leurs propres inspirations pour amener les sociétés mutuelles à se concerter avec elles.

B. *Second grief.* — Un autre grief articulé par le corps médical et qui me semble plus fondé, c'est l'admission trop facile dans les sociétés mutuelles de personnes aisées pouvant payer des honoraires médicaux, et venant diminuer d'autant la clientèle payante des médecins ; c'est là, il ne faut pas se le dissimuler, une objection sérieuse que présentent beaucoup de mes confrères. Je vais en examiner la valeur.

Le décret-loi du 26 mars 1852, confirmé sur ce point par la loi du 1er avril 1898 (article 3), a créé, dans les sociétés de secours mutuels, deux sortes de membres : les participants et les honoraires, mais il ne détermine pas quelles conditions sociales doivent remplir les uns et les autres pour obtenir le titre qu'ils briguent.

La loi n'a pas eu en vue évidemment de favoriser la création de ces sociétés pour les gens riches ; c'est ce qui résulte implicitement de l'article 3 qui admet des membres participants et des membres honoraires ; mais on ne trouve dans ce document aucun article qui indique quels sont ceux qui ne peuvent être membres participants, en raison de leur position de fortune.

Chaque société est donc libre de fixer elle-même sa jurisprudence à cet égard, et elle doit le faire avec le sentiment de sa dignité et de la justice. Est-il convenable qu'une société admette au titre de participant un millionnaire, par exemple ?

Assurément la société doit être large dans les admissions, mais elle ne saurait dépasser certaines limites sans s'exposer à des critiques justifiées et à des dangers réels. Aussi ne puis-je que donner ma complète approbation aux sentiments exposés dans la lettre du président d'une société de la province d'Oran publiée dans l'*Écho girondin de la Mutualité*, en juillet 1891, et dont j'extrais le passage suivant :

« J'ai pu remarquer, dit-il, que cette liste (il s'agit de la liste des membres de sa société) comprenait, dans la proportion de un cinquième environ, des noms de personnes notoirement connues comme étant à leur aise et pouvant se passer des secours de la société. Plus tard, et au fur et à mesure que des candidatures se présentaient dans ces conditions, je me suis trouvé en opposition avec mon Bureau qui a toujours prétendu que toute personne, quelle que soit sa situation de fortune, devait être admise dans la société au titre de participant, pourvu d'ailleurs qu'elle remplît les conditions exigées par le règlement et les statuts. Les choses ont ainsi marché pendant deux ou trois ans.

« Mais, l'année dernière, les médecins et les pharmaciens se sont émus et ont prétendu que l'admission au titre participant des personnes fortunées leur portait un très grave préjudice, une partie de leur clientèle payante leur étant ainsi enlevée. Ils soutiennent, au moins avec une apparence de raison, que la société est transformée en une véritable société d'assurance contre la maladie. Et, partant de cette idée, considérant la société comme une ennemie dangereuse, ils la traitent comme telle, et la menacent de lui supprimer leur concours. »

Cette pensée a été celle de M. Vallée (de Saint-Leu) lorsqu'il a écrit :

« Pour notre part, signalons un abus grave que l'on peut reprocher aux sociétés de secours mutuels à propos du mode de recrutement de leurs adhérents. Suivant nous, toute société, dont la cotisation mensuelle n'est pas supérieure à deux francs, devrait être essentiellement ouvrière, et, à ce titre, n'admettre que des personnes peu aisées, pour lesquelles la mutualité est un appui indispensable (1). »

C'est donc aux sociétés qu'incombe le devoir de stipuler des conditions d'admission telles que le corps médical ne puisse se plaindre d'être lésé dans ses intérêts.

Dans une circulaire relativement récente, M. Barthou, alors ministre de l'Intérieur (1er décembre 1897), qui a grandement contribué à l'adoption de la loi du 1er avril 1898, recommande aux Sociétés de ne pas admettre au titre de membre participant, des personnes qui pourraient très bien être membres honoraires.

Par contre, l'article 3 de la loi stipule que « les statuts peuvent contenir des dispositions spéciales pour faciliter leur admission au titre de membres participants, à la suite de revers de fortune. »

Dans un travail antérieur auquel je ferai quelques emprunts (2), j'exprimais le désir qu'un ou plusieurs médecins élus parmi ceux qui font le service d'une société, fissent partie du Conseil d'administration de cette société. Ce sentiment je l'ai encore, et je crois que ce serait là un excellent moyen de détruire certaines préventions et de déraciner certains abus.

---

(1) *Des rapports des sociétés de secours mutuels avec le corps médical*, par C. Vallée, membre honoraire de la société de Saint-Leu-d'Esserent (Oise).
(2) Du service médical des pauvres. — Versailles, imprimerie Aubert, 1808.

C. *Avantages que procurent les sociétés.* — A côté de ces griefs dont je crois avoir impartialement apprécié la valeur, les sociétés de secours mutuels n'offrent-elles aucun avantage sérieux au corps médical?

Je crois qu'il en existe de réels et je partage, en cela, l'opinion d'un grand nombre de mutualistes.

« A notre avis, dit M. Vallée, les sociétés tendent à détruire, dans les campagnes surtout, les préjugés de l'empirisme, le prestige des charlatans et rebouteurs, et l'emploi de ces remèdes, quelquefois inavouables, formulés dans quelques vieux bouquins de famille, derniers débris des sciences hermétiques (1) ».

D'après le même auteur, « l'avantage le plus important des sociétés de secours mutuels pour MM. les médecins, est de garantir la solvabilité de leurs adhérents. Si M. le Dr Toubin estime que la perte ainsi évitée ne dépasse pas un dixième dans le Jura, M. le Dr Surmay, placé à Saint-Quentin, l'estime au tiers de la clientèle des sociétés; cela prouve, selon nous, que la solvabilité varie essentiellement, suivant les contrées, en raison des industries qui s'y exercent et des habitudes d'économie et de tempérance des habitants (2).

Au Congrès du Havre (1887), l'*Union lyonnaise des Commis et Employés de Commerce*, appela plus particulièrement l'attention du Congrès sur ce fait, que les exigences injustifiées des sociétaires sont une des causes principales du mécontentement du corps médical.

Concluons, comme M. Vallée, que médecins et sociétés sont faits pour s'entendre et non pour guerroyer.

2° Honoraires médicaux.

Il est bien entendu que les sociétés et le corps médical étant en présence pour arriver à une entente, il est permis à chacune des parties de défendre ses droits au mieux de ses intérêts, pourvu qu'elle le fasse avec convenance et dignité.

Or, il arrivera trois cas subordonnés à des situations différentes : le médecin pourra imposer sa volonté : c'est le cas des communes rurales ayant un seul médecin ou n'en ayant pas du tout. Dans

(1) Paris, chez Paul Dupont, rue Jean-Jacques-Rousseau, 41. — 1882.
(2) Vallée, ouvrage précité, pages 10 et 11.

ce cas, il est bien évident que c'est lui qui dictera la loi aux Sociétés et que celles-ci seront obligées de la subir.

C'est le cas pour le médecin de se montrer généreux et large, et cela aura lieu si la société sait de bonne heure l'attacher à son œuvre, si elle ne commet pas la faute signalée plus haut de lui nuire en lui enlevant sa bonne clientèle.

Dans les grandes villes, c'est le phénomène inverse qui se produira. Là, les sociétés peuvent s'unir pour le service médical et former des groupes importants qui dicteront leurs lois au corps médical et celui-ci devra parfois passer à son tour sous les fourches caudines.

Il est bon qu'il n'en soit jamais ainsi, et que là les sociétés ne se montrent pas oublieuses des services du corps médical, sinon les fautes ou imprudences commises auront à leur tour un grand retentissement, et c'est ailleurs qu'elles seront expiées, ces fautes et ces imprudences, par des sociétés bien innocentes, tant il est vrai de dire que la solidarité humaine ne saurait avoir de limites.

Enfin, et il est consolant de le constater, il existe une troisième série que j'appellerai la série de l'équilibre stable, celle dans laquelle les intérêts étant à peu près uniformes et les forces égales, l'équilibre s'établit tout naturellement. J'ai exercé autrefois la médecine à Saint-Jean-d'Angély (Charente-Inférieure); il y avait là une société de secours mutuels au service de laquelle concouraient les six médecins de la ville, et le service y était fait à la satisfaction de tous.

Il semblerait résulter de là que tous les médecins d'une même ville doivent participer au service des sociétés. Tel n'est pas mon avis. C'est très bien lorsque le nombre des médecins est limité : dix, quinze, vingt même, mais s'il y a cent, deux cents, trois cents médecins, la question change. En effet, je ne crois pas prudent pour une société d'admettre à son service le premier médecin venu, qui lui est parfois inconnu, et que le caprice d'un sociétaire désire ; un grand nombre d'autres sont au service de la société. Si le paiement a lieu à la visite, vous comprenez tout de suite quels inconvénients peuvent en résulter pour la caisse. Mais le paiement fût-il à l'abonnement, que les inconvénients ne disparaissent pas pour cela, car la caisse ne s'épuise pas seulement par les honoraires, elle s'épuise aussi par la fourniture des médicaments, et le libellé d'une ordonnance importe beaucoup au budget de la société comme il importe au rétablissement du malade.

Voilà pourquoi je serais assez partisan de médecins auxiliaires ou suppléants s'exerçant à la posologie (1) mutualiste et y prenant l'habitude des formules simples, peu coûteuses, mais actives autant que besoin est.

Je crois donc qu'il serait bon de favoriser, dans les grandes villes, la formation d'associations médicales destinées au service des sociétés mutuelles, comme il en existe à Paris, à Lyon, à Marseille, à Bordeaux, et ailleurs sans doute.

Ces associations seraient intéressées à se bien recruter, à s'adjoindre surtout des médecins philanthropes, et il y en a partout, à en avoir dans tous les quartiers de la ville et de la banlieue.

A. *Comité médical.* — C'est ce qui inspira la création à Bordeaux du *Comité médical,* en 1864, par un petit nombre de praticiens dont un seul est survivant, M. le docteur Marmisse, qui a présidé la section médicale au congrès national de Bordeaux (1892).

Le Comité médical, dont les statuts sont mis à votre disposition, ne se compose pas d'un nombre absolument fixe de médecins; ce nombre est, en ce moment de vingt-neuf, mais il pourrait être un peu plus ou un peu moins élevé.

Ces médecins sont répandus dans tous les quartiers de la ville et dans la banlieue, de façon à ce que la distance qui sépare le sociétaire du médecin soit réduite au minimum.

On pourrait croire alors que les médecins d'un quartier, car il peut y en avoir plusieurs dans le même, desservent tous les sociétaires du quartier. Il n'en est rien, chaque sociétaire ayant le droit de choisir le médecin qui lui convient dans toute la liste, à la condition cependant que celui-ci veuille accepter de le visiter, et, tous les trois mois, le sociétaire a le droit de changer de médecin, ce dont quelques-uns ne se font pas faute.

Cela coûte à la société 1 franc par trimestre, et par sociétaire; pour 2 francs de plus par trimestre (abonnement facultatif) le médecin visite la femme et les enfants vivant sous le même toit et âgés de moins de seize ans, ainsi que je le dirai plus loin.

Ce Comité médical compte en ce moment soixante sociétés adhérentes représentant 6.000 sociétaires

B. *Syndicat médical.* — Quatre ans après la création du Comité médical, s'est fondé, dans le même but, un syndicat médical dont voici l'organisation.

Le syndicat médical, créé à Bordeaux en 1868, donne ses soins

(1) Manière de formuler une ordonnance.

aux membres des sociétés de secours mutuels ayant adhéré à ses statuts.

Les soins sont rétribués exclusivement par visite pour le sociétaire, par visite ou par abonnement pour la famille.

Le prix de la visite à domicile est de 2 francs dans la ville et de 3 francs en dehors de l'octroi et dans la limite d'un kilomètre. Le prix de la consultation dans le cabinet du médecin est de 1 franc, celui pour la visite de nuit 10 francs (les heures pour les visites de nuit, sont les mêmes que celles du service médical de nuit de la ville, de 11 heures du soir à 7 heures du matin).

Le prix d'une opération de petite chirurgie, faite dans le cabinet du médecin, est de 2 francs.

Le prix de l'abonnement en ville est de : 1° 6 francs pour la femme ; 2° 12 francs pour la femme et les enfants jusqu'à dix-huit ans.

En dehors de l'octroi et dans la limite d'un kilomètre : 1° 8 francs pour la femme ; 2° 16 francs pour la femme et les enfants.

Les abonnements sont semestriels et se paient d'avance. Ce tarif ne modifie pas les traités antérieurs passés avec les sociétés de secours mutuels.

Le prix de la consultation au domicile du malade, faite entre médecins du syndicat, est de 10 francs pour chaque médecin et payé immédiatement par le sociétaire.

Les cas chirurgicaux et les accouchements ne sont pas compris dans les tarifs du syndicat et se règlent facultativement entre le médecin et le sociétaire.

Le syndicat médical dessert seize sociétés au moyen de trente-deux médecins.

IV. — CONCLUSION PARTIELLE

Le sociétés de secours mutuels doivent faire participer à leur service tous les médecins d'une ville, si c'est possible ; mais si le nombre en est trop grand, elles doivent, en s'unissant entre elles, favoriser la formation d'associations médicales spécialement destinées à ce service.

Doit-on admettre au service des sociétés les médecins réfractaires à la doctrine hippocratique, qui est celle de toutes les Facultés de l'Europe sans exception ? Devons-nous introduire dans nos sociétés des homœopathes, des mattéistes, des fanatiques de la dosimétrie, des disciples de Kneipp, en un mot des exclusivistes, ou, si vous voulez, des intransigeants de la science médicale?

Vous me pardonnerez bien de ne pas vous répondre moi-même, en raison du diplôme que j'ai l'honneur de posséder et que j'ai toujours cherché à conserver tel qu'il m'a été concédé, c'est-à-dire intact de toute promiscuité. C'est M. Vallée qui va répondre pour moi :

« Une société de secours mutuels, dit-il, ne peut se conformer qu'aux traditions éclectiques de la médecine officielle et académique, sous peine de s'exposer à des dépenses excessives ; elle doit éviter de sacrifier aux doctrines qui se traduisent sous les formes absolues d'homœopathie, de magnétisme, de système Raspail, de remèdes secrets, vendus par les médecins qui les prescrivent, etc... (1).

3° Médecins de sociétés.

On a proposé d'avoir pour les sociétés un corps spécial de médecins, c'est au congrès de Lyon ou à celui de Marseille que cette idée a été émise, et l'on est allé jusqu'à demander que ces médecins ne vissent pas d'autres malades.

C'est à mes yeux l'exagération d'une bonne pensée. Il est bien certain, et je crois l'avoir suffisamment démontré, que les sociétés ont intérêt à ne pas employer le concours de tous les médecins. Il faut, pour être médecin de sociétés, aimer son art d'abord, et l'exercer ensuite avec philanthropie. Il faut aimer le travailleur prévoyant et l'encourager à supporter patiemment la souffrance. Tout en demandant une rémunération convenable pour les soins que l'on donne et la fatigue que l'on prend, il faut, passez-moi le mot, un tempérament mutualiste, c'est-à-dire une âme ardente et généreuse, doublée d'un cœur démocratique.

La sélection se fait bien vite, et le mutualiste ne tarde pas longtemps à sentir la main qui le presse, et à comprendre la voix qui lui parle.

Ces médecins-là, recherchons-les, mes chers collègues, sans les imposer. Quant aux autres, ils s'éloigneront d'eux-mêmes, sentant bien que nous ne pouvons leur servir de piédestal pour leurs ambitions politiques ou leurs appétits pécuniaires.

(1) Vallée, *Des rapports des sociétés de secours mutuels avec le Corps médical*, Paris, librairie administrative de Paul Dupont, rue J.-J.-Rousseau 1882, p. 16.

4° Divers systèmes de rétribution. Frais médicaux et pharmaceutiques, dans l'indemnité de la maladie.

Un certain nombre de sociétés, soit pour simplifier leurs opérations, soit parce que leurs membres sont disséminés dans des communes différentes et qu'ainsi l'organisation du service médical n'est pas possible, donnent à leurs membres malades une indemnité spéciale, tantôt isolée, tantôt confondue dans l'indemnité journalière de maladie, et cette indemnité est destinée à payer les soins médicaux.

Ce sont ordinairement bien plutôt des Syndicats professionnels que de véritables sociétés.

Il y a encore là deux manières de procéder : tantôt la société donne au sociétaire malade une indemnité fixe journalière qui lui sert à payer tous ses frais; tantôt la société, sur l'excédent annuel des recettes, fixe un quantum qu'elle distribue au commencement d'une année entre les sociétaires qui ont été malades pendant l'année précédente, au prorata de la durée de la maladie, c'est à ce dernier système qu'est donné le nom de *système Piche*, et puisque ce nom me vient à la plume, qu'il me soit permis de signaler comme un modèle à suivre la société d'Instituteurs que préside M. Albert Piche dans les Basses-Pyrénées et qui donne de si excellents résultats. Je ne puis ici m'étendre plus longuement sur le fonctionnement de cette société, mais il sera facile à quiconque le désirera, de s'adresser à M. Piche lui-même pour en obtenir les renseignements les plus complets.

Avec le système Piche et l'extension que la loi nouvelle permet aux sociétés de prendre en dehors des barrières communales, toutes les Sociétés urbaines pourront avoir des sections rurales, régies par les mêmes statuts, mais ayant un service médical spécial.

Si j'approuve le système Piche dans le cas particulier où une Société se compose de membres habitant des communes différentes, je ne saurais l'admettre pour les sociétaires d'une même localité. Certains médecins ont pourtant demandé autrefois que ce fût le système adopté par toutes les sociétés; ce système, disaient-ils, conservant plus de dignité au médecin qui reçoit ainsi directement le prix de sa visite de la main reconnaissante de son client. Mais ces médecins oubliaient que les sociétés étant le plus souvent composées de gens peu fortunés, et la maladie augmentant nécessairement les besoins de la maison, la somme déboursée par la société pour permettre au sociétaire de payer son médecin, était quelquefois dépensée sans que celui-ci reçût un rouge liard. Il est même arrivé que certaines sociétés se sont vues obligées de payer deux fois.

En dehors de ce système qui doit être réservé pour des cas particuliers, il en existe trois autres que je vais passer successivement en revue; ce sont : *A. le système à forfait; B. le système à la visite; C. le système à l'abonnement.*

A. Système à forfait. — Le système à forfait consiste en ce que la Société traite avec un ou plusieurs médecins, suivant le nombre de ses membres et leur répartition sur le territoire de la commune, et donne à chacun d'eux un traitement fixé d'avance.

Ce système a pour les sociétés un avantage, celui de savoir exactement quelle sera la dépense médicale annuelle, et d'établir ainsi un budget ferme. Mais à côté de cet avantage que nous pouvons retrouver du reste avec le troisième système, que d'inconvénients! Et d'abord, la répugnance qui a toujours été manifestée par le corps médical à l'endroit de ce système, et aussi l'éloignement d'un trop grand nombre de praticiens à participer au service des Sociétés, et l'obligation pour tous les sociétaires ou au moins pour un grand nombre, de s'adresser au même médecin.

La Mutualité est intéressée à se créer partout des sympathies, et elle aurait mauvaise grâce à ne pas le faire chaque fois qu'elle ne déroge ni à ses principes, ni à son but.

Dans le mémoire que j'ai eu l'honneur de présenter au Congrès du Havre (1887), j'ai fait ressortir les inconvénients qui résultent de ce système par la concurrence qui s'établit entre les médecins d'une même localité, concurrence qui peut produire des conséquences fâcheuses pour la société.

Quelques-unes, dans la pensée d'éviter cet écueil, et désireuses de ne subir aucune dépense imprévue, ont pour habitude de voter tous les ans une somme fixe qu'elles distribuent entre tous ceux qui ont pris part au service, et proportionnellement aux visites qu'ils ont faites. Ce mode de procéder est préférable au traitement à forfait, parce qu'il n'exclut pas la participation de plusieurs médecins au service de la société et qu'il évite ainsi des luttes et une concurrence peu dignes de ceux qui s'y livrent (1).

(1) Il se rapproche de celui de M. Albert Piche, dont nous venons de parler à la page 15.

B. Système à la visite. — Ce système est à première vue celui qui plaît le plus à tout le monde. Si, de tout temps, les sociétés avaient permis à leurs membres de prendre le médecin de leur choix et l'eussent payé à la visite, le corps médical aurait applaudi des deux mains. Il est bien certain que, théoriquement, c'est le rêve que tout le monde nourrit, mais qui ne se réalisera jamais complètement. Et pourquoi? Parce qu'il y a les nécessités budgétaires; parce que tous ceux qui ont souci de la prospérité des sociétés, savent que, pour établir un budget, il faut en connaître d'avance les éléments. Il y a toujours assez d'aléas pour que ces sociétés soient fondées à éviter tous ceux qu'elles peuvent.

Le service à la visite restera donc le monopole des sociétés nombreuses et riches, qui peuvent dépenser sans compter.

Ce service est de plus un obstacle à organiser le service médical de la famille. Quelle est, en effet, la société dont les ressources seront suffisantes pour payer toutes les visites faites à la femme et aux enfants?

Pour arriver à la prospérité d'une société il faut harmoniser les intérêts du sociétaire, du médecin et de la société. Or, dans le paiement à la visite, je vois bien l'intérêt du médecin et du sociétaire, mais je constate aussi que ces deux intérêts sont absolument contraires à celui de la société. Aucune limite ne peut être imposée par celle-ci au nombre des visites faites, et rien ne prouve qu'elles le seront toutes et toujours dans l'intérêt exclusif du malade.

Le système à la visite demeurera donc, comme le système à forfait, une exception pour certains cas déterminés, et ne deviendra jamais le type du service médical dans la Mutualité, à moins que l'organisation ne s'en fasse comme à Saint-Quentin, où, par suite d'une convention entre l'Association des médecins et les deux principales sociétés de secours mutuels, tous les médecins de la ville sont admis à faire le service de ces sociétés au prix de un franc par visite, tout compris : les consultations, opérations, pansements, etc., ne donnant lieu à aucune rétribution supplémentaire (1).

Le plus souvent, en effet, le prix de la visite à domicile est de 2 francs, et celui de la consultation dans le cabinet est de 1 franc, sans compter les opérations, visites de nuit, etc.

C. Système à l'abonnement. — Le système à l'abonnement con-

---

(1) Dʳ Surmay, Rapport de 1882 à l'Association générale des médecins de France.

siste en ce que le médecin reçoit annuellement ou trimestriel-
lement une somme fixe pour chacun des sociétaires qui l'ont choisi
pour médecin. Cet abonnement varie de 2 à 7 francs par an,
suivant les localités. Il est de 1 franc par trimestre au Comité
médical de Bordeaux, ce qui fait ressortir la visite à 2 francs et la
consultation à 1 franc, d'après les statistiques établies par quelques membres de ce Comité.

Ce système participe des avantages des deux premiers, et n'en
offre aucun inconvénient. Il permet à chaque société de savoir
ce qu'elle doit dépenser pour frais médicaux, et, en cela, il présente les mêmes avantages que le système à forfait. D'un autre
côté, il permet au médecin de recevoir un traitement propor-
tionnel à la confiance qu'il inspire et au nombre de malades
qu'il traite; de plus, il s'accorde avec le principe de la liberté du
sociétaire, puisque celui-ci peut choisir son médecin, soit sur la
liste complète des praticiens, si c'est une petite ville, soit sur une
liste suffisamment garnie de noms, s'il s'agit d'une grande ville,
et ce choix peut se renouveler assez fréquemment; à Bordeaux il
a lieu tous les trois mois, à Lyon tous les six mois, etc...

Partout où il y a plusieurs médecins, les sociétés sont intéressées à se grouper pour obtenir ce genre de service, et si les offres
sont convenables, il sera possible, je crois, d'arriver à une entente
avec un nombre de médecins, suffisant pour que l'organisation
adoptée soit à l'avantage de tout le monde.

A Paris, dans la société de secours mutuels du faubourg Saint-
Denis, qui a été souvent citée pour modèle, particulièrement par
MM. Davenne et Bucquoy, le service médical se fait à raison de
3 francs par an et par sociétaire. Dans cet abonnement sont compris
les consultations, les pansements, opérations, ce qui établit le prix
de la visite à peu près à 2 francs.

Mais la paix et l'harmonie étant loin de régner partout ailleurs,
dans la capitale, c'est à M. Arboux (1) que nous devons les premiers essais d'entente entre les sociétés mutuelles et les syndicats
médicaux.

On trouve dans la *Revue de la Prévoyance et de la Mutualité,*
année 1897, page 283, l'historique des efforts qui ont été faits et
des résultats obtenus. D'après les conclusions d'une commission
mixte de médecins et de mutualistes, la rémunération serait faite à
la visite, mais les sociétés resteraient libres de recourir, suivant

---

(1) Secrétaire général de la Ligue nationale de la Prévoyance.

l'état de leur caisse, soit au système de l'abonnement, soit à un système mixte qui consisterait à fixer un abonnement annuel par tête de sociétaire, lequel abonnement serait ensuite réparti entre les médecins et par leurs soins, au prorata des visites faites.

Le système à forfait fut repoussé et l'entente se fit sur « le libre choix du médecin par le malade, le libre consentement du médecin, et la rémunération de ce dernier proportionnellement aux services rendus ».

Le 26 octobre 1898, une nouvelle délibération s'ouvrit sur un projet de *Règlement médical dans les sociétés de secours mutuels*, présenté par M. le Dr Séailles. Nous ne donnerons pas le texte de ce règlement parce que nous n'y avons rien trouvé qui ne fonctionne déjà au *Comité médical* de Bordeaux depuis trente-six ans, et qui n'ait par conséquent subi la plus large expérience. Cette séance n'a point présenté d'autre intérêt, sinon les inconvénients fâcheux que l'Assistance médicale trop largement appliquée nuit considérablement au développement de la Mutualité.

A Lyon, le système médical suivi se rapproche beaucoup de celui du *Comité médical* de Bordeaux, le prix d'abonnement du sociétaire est de 3 francs par an au lieu de 4 francs, et la famille paie 6 francs au lieu de 8 francs.

La liberté du sociétaire est moins grande puisqu'il ne peut choisir son médecin que parmi ceux de son quartier, et tous les six mois, mais elle est très suffisante.

Voilà en quelques mots les différences importantes que j'ai à signaler.

A Lille, la mutualité en général se décharge de cette sollicitude en payant aux sociétaires un chiffre quotidien d'indemnité au moyen duquel le sociétaire paye son médecin, paye son pharmacien, et s'indemnise des suites de son chômage.

Nous avons déjà dit ce que nous pensons de ce système qui ne nous paraît applicable que dans des cas exceptionnels, et qui n'est l'expression que d'une mutualité incomplète.

Je sais qu'à Reims, c'est le système à la visite qui prévaut, et ce prix est de 1 franc 50 centimes. Mais ce n'est pas par goût que les sociétés ont adopté ce mode de service, il leur a été imposé par le corps médical, et, à tort ou à raison, les sociétés se plaignent du chiffre élevé de dépenses que leur occasionne ce service en raison du coût des ordonnances.

V. — CONCLUSIONS GÉNÉRALES

Mes chers collègues, je ne me permettrai de conclure qu'avec une extrême réserve, me rappelant que si le Congrès de Lyon adopta le mode à la visite comme le meilleur, trois ans après, celui de Marseille préféra le système à l'abonnement, en ces termes :

« Le Congrès préconise la rétribution des médecins à l'abonnement, tout en reconnaissant que cette manière de faire est encore inapplicable dans un grand nombre de localités. » (Séance du 26 mai 1886.)

Cette contradiction n'est qu'apparente ; elle prouve qu'aucun système ne peut avoir la prétention d'être absolu, et que chacun d'eux a ses circonstances d'application.

Mes conclusions ne doivent s'appliquer qu'à la généralité des cas, et de nombreuses exceptions doivent nécessairement exister.

Sous ces réserves, je conclus donc :

1° Le service médical des sociétés de secours mutuels doit être organisé de façon à respecter autant que possible la liberté de leurs membres et à sauvegarder leurs intérêts financiers.

2° Le sociétaire doit avoir le droit de choisir son médecin parmi ceux qui habitent la même localité que lui, ou, si le nombre de ces praticiens est trop considérable, sur une liste de médecins assez nombreux et acceptant le règlement de la société ;

3° Lorsqu'une ville possède plusieurs sociétés, celles-ci sont invitées à se syndiquer pour mieux assurer leur service médical ;

4° Les mêmes droits doivent appartenir aux médecins, soit pour débattre leurs intérêts communs, soit pour accepter ou refuser tel ou tel sociétaire, telle ou telle société ;

5° Le système à forfait étant contraire à la dignité du médecin, les sociétés doivent éviter, autant que possible, d'y avoir recours. Ce système ne doit être employé que comme ressource extrême, dans certains cas particuliers ;

6° Le système à la visite peut se concilier avec ces principes dans les localités peu importantes ; mais dans les grandes villes, ce mode de paiement est désastreux pour les caisses des sociétés, à moins que celles-ci ne soient suffisamment riches ;

7° Dans le cas contraire, l'abonnement annuel, semestriel ou trimestriel, par tête de sociétaire, sauvegarde à la fois, et les intérêts de la caisse, et la liberté du sociétaire, et la dignité du médecin, en même temps qu'il permet de desservir la famille ;

8° Je crois que le meilleur système est celui qui consiste à accorder les secours médicaux à tous les membres de la famille du Sociétaire et j'émets le vœu que ce système reçoive de jour en jour une application plus étendue ;

9° Je ne crois pas pouvoir me prononcer sur le montant des cotisations à demander pour cet objet ; les dépenses des sociétés variant suivant les localités, c'est à chacune d'elles à fixer le taux de cette cotisation supplémentaire (1).

VI. — APPENDICE

Je suis heureux de savoir que le Conseil supérieur de la Mutualité partage ma manière de voir, et voici comment : M. le Dr Pouliot, délégué des Syndicats médicaux de France ayant, au nom de ses mandants, présenté le vœu suivant : « Déclarer le paiement des honoraires médicaux à la visite comme le type vers lequel toutes les sociétés anciennes viennent tendre et auquel doivent se soumettre les sociétés nouvelles. Le prix de la visite serait à un taux minimum, mais supérieur à celui de l'assistance médicale gratuite. » Ce vœu avait été envoyé, conformément à la loi, à l'examen de la section permanente du Conseil supérieur, et voici les conclusions de M. Mirouël, rapporteur :

La section, considérant que la loi du 1er avril 1898 est une loi de liberté, et qu'il serait imprudent d'intervenir dans l'administration des sociétés de secours mutuels sans violer le principe même de la loi ;

Considérant que le système des honoraires à l'abonnement ou à la visite est subordonné à la localité où se trouve le siège de la société, à la volonté des sociétaires et des médecins, de même qu'à la quantité et au groupement de ces sociétaires et aux risques inhérents à leur profession,

Émet l'avis qu'il n'y a pas lieu de prendre ce vœu en considération.

Ces conclusions ont été adoptées à l'unanimité moins une voix. Il est à remarquer que cette unanimité contenait les voix de trois médecins faisant partie du Conseil supérieur.

---

(1) Le Congrès a adopté ces conclusions sauf le 4° et le 5° qui ne lui ont pas été présentés, le but à atteindre étant surtout médical.

ANNEXES DU SERVICE MÉDICAL

I. — SOINS MÉDICAUX A DONNER A LA FAMILLE

Nous devons rechercher surtout le système médical qui comprendra dans son organisation la femme et les enfants, c'est-à-dire la famille entière, car, pas plus qu'Hippolyte Maze, nous ne saurions scinder la famille en deux parties, l'une bénéficiant du service médical, et l'autre en étant exclue.

C'est contre cet injuste ostracisme que protestait, en 1868, M. Bayer, président de la société Paul Dupont, en disant : « La femme n'occupe-t-elle pas une large et utile place au foyer domestique? Si elle est malade, n'y a-t-il pas urgence de la rendre à la santé pour prévenir le désordre et la gêne, qui, dès qu'elle fait défaut, pénètrent dans le ménage? »

Et M. Vallée, auquel nous empruntons ces lignes, ajoute : « Trop attachés à préserver le père comme principal soutien de la famille! la plupart des Sociétés ne sont pas assez préoccupées des femmes et des enfants; elles ne se sont pas aperçues que l'assurance qu'elles offraient au chef de la famille était incomplète, et laissait subsister, à côté de lui, une cause permanente de risques et de ruine, dès qu'elle ne comprenait pas sa femme et ses enfants. C'est, selon nous, à cette indifférence des Sociétés persistant à considérer l'homme marié comme célibataire, et à s'isoler de sa famille pour la satisfaction exclusive de ses besoins personnels, qu'est dû le peu de résultat obtenu par la Caisse des retraites » (1).

Dans le système à la visite, la famille est forcément exclue du service médical : comment, en effet, une société pourra-t-elle accepter de grever son budget d'une dépense indéterminée qui pourra être bien lourde?

Le système à forfait peut, au contraire, se concilier avec ce principe de la mutualité. Il est parfaitement possible, lorsqu'une Société traite avec un ou plusieurs médecins pour son service médical, de comprendre dans ce service celui de la famille, et de fixer le prix de l'abonnement annuel en conséquence. Il en est ainsi dans beaucoup de sociétés bordelaises, et en particulier dans l'*Union des Travailleurs du Tour de France*.

(1) Vallée, *De la Réforme des Sociétés de secours mutuels en faveur de la famille*, Paris, Librairie générale, 72, boulevard Haussmann, 1880, p. 3 et 4.

Mais c'est surtout dans le système à l'abonnement que le service de la famille est le mieux à sa place. Le prix de l'abonnement pour la femme est au même taux que celui du mari, et les enfants peuvent constituer, dans leur ensemble, une autre unité payante, de sorte que l'ensemble de la famille coûte trois fois plus que le père tout seul.

Dans ce système, le sociétaire est libre de s'abonner seul, ou d'abonner avec lui sa famille, car il existe des cas où le service médical de la famille est assuré par tout autre moyen. La dépense se trouve proportionnée au service demandé ; il n'y a ainsi aucune dépense inutile.

Le congrès de Lyon se prononça formellement pour le service des femmes et des enfants (séance du 6 septembre 1883), ainsi que celui de Marseille en 1886, et celui de Saint-Étienne en 1895 (1).

C'est la marche suivie au Comité médical de Bordeaux où la société paie pour chaque sociétaire 1 franc par trimestre, et où chaque sociétaire est libre d'abonner, pour 2 francs par trimestre, sa famille composée de sa femme et des enfants âgés de moins de seize ans, vivant sous le même toit que lui.

Depuis quelques années, le Comité médical a même créé un autre abonnement de famille appelé *abonnement des ascendants* qui consiste à abonner au prix de 2 francs par trimestre, et par ménage, lorsqu'ils vivent sous le même toit que le sociétaire, son père et sa mère, ou son beau-père et sa belle-mère, ou enfin les deux ménages à la fois.

II. — SERVICE DE NUIT

Lorsque le système est à la visite, le service de nuit se trouve tout organisé : un sociétaire ou un membre de sa famille est malade, le médecin est appelé et rétribué pour la visite de nuit, suivant les usages locaux, par la société ou par le malade, suivant les dispositions des statuts.

Dans le système à forfait, les visites de nuit peuvent être comprises dans le traité à intervenir entre les sociétés et le corps médical.

Il n'en est pas de même dans le système à l'abonnement : on ne saurait exiger des visites de nuit d'un médecin auquel on paie

(1) Cette double mesure vient d'être votée, sur ma proposition, au Congrès de Montpellier (avril 1900).

75 centimes ou 1 franc par trimestre et par sociétaire. Il faut donc recourir ici à des conventions spéciales, à moins que, dans la commune, il y ait un service municipal organisé pour la nuit, comme cela a lieu à Bordeaux depuis le 1ᵉʳ février 1880.

A cette date fonctionna un service médical qui, le 1ᵉʳ juillet 1896, fut réorganisé sur des bases plus larges puisqu'il comprit, en plus, un service pharmaceutique et un service d'accouchements, et enfin un nouvel arrêté municipal a été pris le 5 mai 1897, et c'est sous l'empire de celui-ci que nous vivons.

Nous en publions le texte :

Article 1ᵉʳ. — Le service médical, pharmaceutique et d'accouchements de la ville de Bordeaux, est réorganisé conformément aux dispositions suivantes :

Ce service fonctionne pendant toute l'année, de 11 heures du soir à 7 heures du matin.

Les noms et adresses des docteurs en médecine et des pharmaciens de chaque arrondissement, tous Français ou naturalisés français, ayant consenti à déférer aux réquisitions qui leur seront adressées pendant la nuit, et ceux des sages-femmes désignées par l'Administration pour assurer le service des accouchements, sont inscrits sur un tableau affiché dans le commissariat de police de cet arrondissement.

D'une manière générale, tout médecin ou pharmacien ne peut être inscrit que pour un seul arrondissement; les médecins-pharmaciens doivent opter pour la médecine ou la pharmacie en ce qui concerne le service municipal de nuit.

A. — *Service médical.*

Toute personne qui veut requérir un médecin, doit se rendre au commissariat de son arrondissement et choisir sur le tableau le médecin dont elle désire réclamer les soins.

Un agent détaché du poste accompagne le requérant au domicile du médecin et suit celui-ci chez le malade.

Il lui remet, pour écrire l'ordonnance qui ne doit porter que les médicaments dits d'urgence, une carte spéciale au vu de laquelle MM. les pharmaciens inscrits délivrent les médicaments.

La visite faite, l'agent doit reconduire le médecin chez lui, et, en le quittant, il lui remet un bon d'honoraires de *dix* francs. Le médecin qui ferait dans la même nuit deux ou plusieurs visites à un même malade, ne recevrait qu'un seul de ces bons.

En outre si, à la suite d'une première visite, la famille faisait appel une seconde fois, dans la même nuit, au service municipal, elle ne pourrait que réclamer les soins du premier médecin requis.

En cas d'absence constatée des médecins désignés pour l'arrondissement, l'agent peut requérir dans un des arrondissements voisins. En aucun cas, l'agent ne doit attendre le retour d'un médecin qui serait absent de chez lui au moment de la réquisition.

B. — Service d'accouchements.

Toute personne qui veut requérir une sage-femme doit se rendre au commissariat de son arrondissement et choisir, sur le tableau du personnel médical de l'arrondissement, celle dont elle désire réclamer les soins.

Un agent détaché du poste accompagne le requérant au domicile de la sage-femme désignée, suit celle-ci chez la malade et se tient à sa disposition, si celle-ci le désire, après examen du cas. En la quittant, il lui remet un bon d'honoraires de vingt francs que l'accouchement soit simple ou gémellaire. Toutefois, si le déplacement de la sage-femme se borne à une simple visite ou à une conduite à l'hôpital, il ne lui est remis qu'un bon de 10 francs.

Le rôle de la sage-femme appelée prend fin après l'accouchement ou, au plus tard, à huit heures du matin. En ce qui concerne les malades munies d'une carte d'accouchement du Bureau de Bienfaisance, la sage-femme doit donner les soins consécutifs; dans ce cas particulier, elle touche de la Ville un bon de 10 francs seulement, le Bureau de Bienfaisance prenant à sa charge le complément des honoraires.

En cas d'absence constatée des sages-femmes désignées pour l'arrondissement, l'agent doit requérir une de ses suppléantes en commençant par la première.

S'il vient à se produire des accidents paraissant nécessiter l'intervention immédiate d'un docteur en médecine, la sage-femme est autorisée à requérir, suivant le cas, par l'intermédiaire de l'agent qui l'a accompagnée, une voiture pour le transport d'office de la malade dans un hôpital ou à faire appeler verbalement (ou par écrit si l'agent a regagné le commissariat) un des spécialistes désignés sur la liste générale des médecins-accoucheurs qui ont consenti à déférer aux réquisitions qui leur seront adressées pendant la nuit et dont les noms sont inscrits dans chaque commissariat.

Le médecin-accoucheur appelé, — s'il intervient pour une manœuvre obstétricale, version ou application de forceps, — a droit à un bon d'honoraires de 30 francs qui lui est remis par l'agent qui l'aura requis sur l'invitation de la sage-femme. Dans le cas de simple conseil, il perçoit seulement le prix d'une visite de nuit.

Il ne peut être requis plus d'un médecin accoucheur. Si, cependant, le premier accoucheur appelé reconnaissait indispensable l'aide d'un second médecin, il pourrait en requérir un autre, mais celui-ci ne toucherait qu'un bon de 10 francs.

Un médecin accoucheur du service requis par une sage-femme ne faisant pas partie du service de nuit n'a droit, quelle que soit l'opération effectuée, qu'à un bon de 10 francs.

Les bons délivrés aux médecins, pharmaciens, et sages-femmes sont payables à la Mairie (Division de l'Assistance et de l'Hygiène publiques).

Suivant la situation de fortune du malade, qui fait l'objet d'une enquête sommaire, l'Administration poursuit par les voies de droit, après une réclamation restée sans effet, le remboursement des honoraires ou les prend définitivement à sa charge.

Peuvent seules bénéficier gratuitement des services médicaux, pharmaceutiques et d'accouchements de nuit les familles dont le chef peut justifier d'un certificat d'indigence ou d'une cote mobilière inférieure à 18 francs. Celles dont la cote dépasse 18 francs, sans atteindre 45 francs, doivent régler à la Ville, sur l'invitation, dans le délai de huit jours, la visite médicale, y compris la fourniture des médicaments, à raison de 5 francs, et un accouchement, quel qu'il soit à raison de 15 francs.

Il est bien entendu que ces honoraires réduits ne sont pas applicables aux personnes pour lesquelles l'enquête aura démontré une situation de fortune suffisante, bien qu'ayant un loyer inférieur à 500 francs. Celles-ci, comme toutes celles n'entrant pas dans les catégories ci-dessus, sont tenues de rembourser à la Ville, dans le délai de huit jours, la totalité des honoraires avancés pour elles. »

Cet arrêté, il faut le reconnaître, ne décharge pas complètement le sociétaire des honoraires à payer, car si sa position sociale est seulement aisée, il est susceptible de rembourser le montant de la visite.

Nous savons que dans certaines villes où le service est organisé par les sociétés, celles-ci paient la visite de nuit 5 francs. C'est le vœu émis au Congrès du Havre en 1887, par la société de secours mutuels des *Chambres Syndicales ouvrières* du Havre.

C. — Garde-malades de nuit.

Mues par un sentiment philanthropique, louable assurément, un certain nombre de sociétés insèrent dans leurs statuts une clause par laquelle les sociétaires sont, à tour de rôle, institués garde-malades de leurs camarades. Le désir de s'entr'aider dans les circonstances difficiles de la vie a naturellement provoqué cette mesure qu'il faut respecter dans sa simplicité généreuse et naturelle, mais qu'il faut aussi perfectionner, si faire se peut, et la chose devient possible du moment où les sociétés ont le droit de se grouper pour ce service; c'est là une démonstration de plus de la nécessité qu'il y a à provoquer les Unions de sociétés partout où la chose est possible. Que de services seraient organisés qui ne le sont pas! Combien d'autres fonctionneraient avec de meilleurs résultats si l'isolement des sociétés était remplacé par une fédération bien établie!

Le service des garde-malades relèverait de ce groupement. Le sociétaire, en effet, ne saurait être utilement garde-malade : il a un travail de jour à faire pour subvenir à ses besoins et à ceux de sa famille, et ne peut, sans inconvénients pécuniaires, quitter ce travail pendant le jour. Si c'est la nuit qu'on l'utilise, comment pourra-t-il rendre des services aux malades et être le lendemain suffisamment dispos s'il n'a pas pris de sommeil?

D'un autre côté, quelle capacité le sociétaire a-t-il pour donner au patient des soins intelligents, à moins qu'il n'ait été infirmier au régiment?

Il est des natures qui s'accommodent fort mal d'être en présence de la douleur : le moindre cri poussé par le malade les épouvante, la moindre goutte de sang les glace d'effroi, et la vue d'une plaie, d'un simple vésicatoire même leur donnerait une syncope. Quelle ressource peut donc trouver un pauvre patient chez un semblable camarade, quels que soient les bons sentiments de ce dernier, et quelques désirs qu'il ait de se rendre utile?

Partout où la chose est faisable, il faut donc établir un service de garde-malades pris dans les deux sexes, si cela se peut. Dans les grandes villes, il pourrait se former des associations de garde-malades que les sociétés de secours mutuels utiliseraient, et qui pourraient également avoir une clientèle privée. C'est là une question peut-être un peu neuve, mais que l'avenir développera.

Elle s'est développée tout naturellement sous l'influence des événements. Dès l'installation du conseil municipal élu au mois de mai 1896, à Bordeaux, le Syndicat girondin des institutions de prévoyance lui adressa une demande de subvention en faveur du service des garde-malades, et cette subvention ayant été accordée, le syndicat eut vite fait d'organiser un service de veilleurs de nuit, grâce surtout au bienveillant concours de la directrice si intelligente de l'hôpital protestant de Bordeaux où se forment des infirmières et garde-malades (1). Il s'y donne, en effet, des cours que suivent des femmes de tout culte, et ces personnes y pratiquent les soins qui leur sont enseignés, de telle sorte que, dans la clientèle civile, elles ne sont nullement embarrassées parce qu'elles ont déjà mis en pratique les théories enseignées.

Nous avons là un excellent noyau de garde-malades dont bénéficient nos sociétés de secours mutuels au profit de leurs malades.

Un règlement fut mis en vigueur à partir du 1er décembre 1896, mais il a été modifié depuis et complété par le suivant :

Règlement du service des garde-malades.

Article 1er. — A partir du 1er juillet 1899, il est organisé à Bordeaux, par le Syndicat girondin des Institutions de Prévoyance, un service de garde-malades de nuit à l'usage des membres participants des deux sexes faisant partie des Sociétés ayant adopté l'emploi dudit service.

Art. 2. — Le service des garde-malades de nuit commence à 7 heures et demie du soir et finit à 6 heures et demie du matin, en toute saison.

Art. 3. — Peuvent prendre part à ce service, les garde-malades des deux sexes, laïques ou religieux, qui acceptent les conditions

(1) Mme Monmeja.

du présent règlement, et qui sont inscrits sur la liste dressée par le Bureau du Syndicat girondin.

Art. 4. — Le prix de la veille de nuit est fixé à 2 francs 50 centimes, payables par le trésorier du Syndicat girondin sur la présentation d'un mandat délivré par le Chef du service des veilleurs de nuit.

Art. 5. — Chaque société qui use de ce service, rembourse au Syndicat girondin une somme de 1 franc par veille de nuit.

Art. 6. — En conséquence, chaque demande de veille formulée par le médecin, en faveur du sociétaire, doit être approuvée par le président de la société avant d'être remise au Chef du service des veilleurs de nuit.

Art. 7. — L'ordonnance libellée par le médecin et approuvée par le président de la société n'est valable que pour sept nuits consécutives.

Si une prolongation est jugée nécessaire, les mêmes formalités doivent être renouvelées.

Art. 8. — Dès que le Chef de service reçoit, à l'heure qu'il a fixée, une demande de garde-malades pour la nuit, il remplit les formalités nécessaires, non pour la première nuit, mais pour la deuxième nuit, ce qui laisse à la charge de la société ou de la famille la nuit la plus prochaine.

Art. 9. — Les veilleurs de nuit doivent traiter les malades avec douceur et faire consciencieusement leur service. Ils n'ont le droit de réclamer à la famille du malade ni aliments ni boissons.

Art. 10. — Les garde-malades doivent, en retour, être toujours traités avec déférence par le malade et son entourage qui tiendront envers eux une attitude convenable.

Art. 11. — Les contestations ou difficultés qui pourraient s'élever, à l'occasion du service, entre les malades, leurs familles et les veilleurs, seront soumises au Bureau du Syndicat girondin, et, s'il y a lieu, au Conseil d'administration lui-même.

Il en sera de même en ce qui concerne les différends qui pourraient surgir entre les sociétés d'un côté, et le Chef du service des veilleurs de nuit de l'autre.

Fait et délibéré à Bordeaux, le 16 juin 1899, par le Syndicat girondin des institutions de prévoyance.

III. — SERVICE DES ACCOUCHEMENTS

Nous désirons que toutes les sociétés de secours mutuels soient mixtes, et, faute de mieux, que de nombreuses sociétés se fondent pour les dames. De ces deux désirs naît la nécessité d'un service d'accouchements dans les sociétés, celui dont nous avons parlé n'étant qu'un service accidentel pour la nuit (1).

On ne saurait imposer ce service à un médecin ordinaire, le plus grand nombre des accouchements étant naturels, et pouvant, par conséquent, demeurer l'apanage des sages-femmes.

Nous n'avons aucun renseignement sur le service des accouchements dans les autres villes; mais, à Bordeaux, le Comité médical n'a eu garde de négliger cette portion du service et a rédigé un règlement dont voici les termes :

ARTICLE PREMIER. — Ce service est fait, soit par les médecins du Comité, soit par les sages-femmes choisies dans chacun des quatorze arrondissements de police de Bordeaux et dans les communes de banlieue.

ART. 2. — Les sages-femmes sont nommées pour un an, à partir du 1er janvier.

Leur nomination est renouvelable chaque année, à la même époque.

ART. 3. — Le président de la société de la future accouchée devra informer le Comité, autant que possible trois mois avant l'époque présumée de l'accouchement, du choix du médecin ou de la sage-femme, et se porter garant du paiement des honoraires dont le tarif est ainsi fixé :

1° Pour les sages-femmes : 15 francs ;

2° Pour les médecins : accouchement naturel 40 francs ; accouchement artificiel nécessitant une intervention opératoire, 60 francs.

Chloroformisation en sus des prix ci-dessus, 10 francs.

ART. 4. — Dans la quinzaine qui suivra l'accouchement, la Société fera verser le montant des honoraires tarifés à l'article précédent, entre les mains du Trésorier du Comité qui en opérera la répartition, à la fin de chaque trimestre, entre ses collègues et les sages-femmes du Comité.

Ces honoraires subiront une retenue de 10 p. 100 pour couvrir les frais généraux de ce service.

(1) Page 25.

Art. 5. — Pendant les dix jours qui suivront l'accouchement, le médecin et la sage-femme donneront à la nouvelle accouchée les soins que réclamera son état. — La sage-femme devra se conformer aux règles scientifiques de l'obstétrique moderne.

Art. 6. — En cas de dystocie, la sage-femme devra appeler à son aide un ou plusieurs médecins du Comité.

Art. 7. — Dès que la femme enceinte aura fait choix d'un médecin ou d'une sage-femme, elle pourra réclamer de ceux-ci les conseils usités en pareil cas. — Ces conseils et les soins donnés pendant les dix premiers jours qui suivent l'accouchement, sont seuls compris dans le prix des honoraires.

Pour le service, la ville est divisée en quatorze sections correspondant aux quatorze arrondissements de police, et deux sages-femmes sont désignées pour chaque arrondissement par le Comité médical qui surveille leur service. Les honoraires sont à la charge des sociétés ou des sociétaires, suivant le cas.

IV. — VISITES EN CONSULTATION

On donne le nom de consultation à l'examen du malade que le médecin pratique dans son cabinet. De ce genre de consultation je n'ai pas à m'occuper ici. Ces consultations rentrent dans le service médical ordinaire et n'exigent de ma part aucune explication spéciale. Il n'en est pas de même des visites en consultation qui consistent en ce que deux ou plusieurs médecins se réunissent au lit du malade, soit pour établir un meilleur diagnostic et les applications que celui-ci comporte, soit pour pratiquer une opération sérieuse.

La question des opérations trouvant sa place ailleurs, je ne parlerai que du premier cas, celui dans lequel la situation d'un malade est assez grave pour exiger la présence de deux ou plusieurs médecins.

Si la société a affaire à des médecins capables, le cas devra se présenter plus rarement, mais il se présentera souvent encore sur la demande des intéressés, et alors à qui incombe la charge de cette dépense extraordinaire? Le plus souvent à la société, mais pas toujours. Il en est dont le budget ne permet pas de solder cette dépense qui reste alors à la charge du malade.

Dans quelques autres, dans celle que j'ai l'honneur de présider (1), par exemple, les frais sont partagés entre la société et le sociétaire.

Le prix de ces visites en consultation est relativement élevé par rapport à la clientèle dont je m'occupe en ce moment; à Bordeaux, c'est 20 francs pour chaque médecin consultant. Mais le Comité médical, prenant en considération la situation des sociétés et des sociétaires, a abaissé à 10 francs le prix de la visite en consultation pour ses membres lorsqu'ils sont appelés dans une société qu'il dessert, avec la réserve que si l'un des médecins consultants, n'appartenant pas au Comité médical, est payé 20 francs, les médecins du Comité doivent toucher également 20 francs chacun.

L'application de ce système n'a jamais soulevé de difficultés sérieuses; et si une nouvelle visite en consultation chez le même malade et pour la même maladie est jugée nécessaire, le prix en est abaissé à 5 francs pour chaque médecin (2).

V. — MÉDECINS SPÉCIALISTES

J'ai parlé de médecins spécialistes. Ces médecins sont-ils indispensables au service des sociétés de secours mutuels ou leur sont-ils seulement utiles? Je ne reculerai pas devant cette double question, quelque témérité qu'il y ait à la résoudre pour moi qui, ne m'étant jamais spécialisé, puis paraître partial dans l'examen auquel je vais me livrer.

Il y a eu en France, depuis bien longtemps, des médecins s'occupant plus spécialement des accouchements, des maladies de la peau et de celles des yeux; mais il y a loin de ces spécialités restreintes aux spécialités nombreuses que nous voyons aujourd'hui. La génération médicale qui m'a précédé a à peine connu ces médecins spécialistes. Les premiers furent en général des étrangers qui vinrent s'implanter à Paris, y soignèrent une très bonne clientèle dont ils s'enrichirent. Il fallait voir comment ils étaient traités par les princes de la science d'alors!

Les temps ont bien changé, puisque des chaires officielles de maladies spéciales ont été créées dans plusieurs Facultés de médecine, et particulièrement à Paris.

Il en devait être fatalement ainsi avec le développement scien-

---

(1) L'Association corrézienne de Bordeaux.

(2) Je suis heureux de constater que le Comité médical a accepté cet abaissement de taux depuis 1893.

tifique dont nous sommes témoins, et avec les découvertes nouvelles
de tous les jours. Il est impossible à un homme, quelle que soit
son activité, de se tenir au courant de tout ce qui se fait dans l'art
de guérir, et la spécialisation est devenue une nécessité.

Ce serait un danger si les études spéciales précédaient les études
générales ou se faisaient en dehors d'elles, comme cela se pratique
dans certaines Facultés américaines. Mais ce danger n'existe pas en
France, où nous exigeons de tous les praticiens le même diplôme,
où le médecin ne peut se livrer à une spécialité qu'après des études
générales suffisantes. Aussi, avons-nous un corps de spécialistes
instruit et capable.

Mais si les médecins spécialistes ont fait des études générales, les
médecins ordinaires ont fait, eux aussi, des études spéciales, et par
cela même que, dans la plupart des Facultés de médecine, il y a
des cours d'oculistique, de dermatologie, d'accouchements, etc.
Les élèves ont dû suivre ces cliniques, répondre aux examens sur
les questions qui leur ont été posées. De là la compétence des médecins ordinaires dans la plupart des cas. De là ma réponse à la
première question, que les médecins spécialistes ne sont pas indispensables au bon fonctionnement des sociétés de secours mutuels.

Et cette réponse, déduite logiquement des prémisses posées, se
trouve en parfaite concordance avec les intérêts financiers des sociétés ; car le spécialiste exige tout naturellement une rémunération en rapport avec sa situation particulière, et le fonctionnement
de plusieurs médecins spécialistes dans une société serait une charge
de plus pour le budget déjà bien faible de la plupart d'entre elles.

Est-ce à dire que le médecin spécialiste doive être absolument
repoussé et que son concours ne soit jamais nécessaire? Loin de
moi cette pensée assurément. Il y a des cas dont le diagnostic réclame ses lumières; il en est d'autres où son habileté doit être
utilisée pour une opération délicate. Mais c'est au médecin ordinaire à déterminer ces cas, à les limiter, et à fournir aux malades
toutes les lumières de la science, en coopérant à la sauvegarde des
intérêts de la société.

Je m'aperçois que je n'ai encore rien dit des médecins-dentistes
dont j'ai cependant promis de parler.

VI. — MÉDECINS-DENTISTES

Le médecin-dentiste n'est pas, comme le pense un peu trop le
vulgaire, un praticien de luxe, et, par là même, exclu du service

médical. J'attache, au contraire, au point de vue digestif, une trop grande importance à la bonne mastication des aliments, à leur complète insalivation, pour que je regarde comme un objet de luxe une bonne mâchoire garnie de dents solides et bien plantées. Le sociétaire qui possède cet avantage, doit le conserver le plus longtemps possible pour éviter les gingivites, les gastralgies et leurs suites. De là, la nécessité du dentiste pour donner des conseils utiles, pour soigner les dents qui menacent de devenir malades et extraire celles dont l'incurabilité est bien et dûment constatée. Le médecin-dentiste doit donc, à mes yeux, être compris dans la catégorie des médecins spécialistes, et la loi dernière le comprend si bien qu'elle crée un diplôme spécial pour cette catégorie de praticiens (1).

En énumérant les cas où l'intervention du médecin-dentiste serait utile, je n'ai point parlé, et à dessein, de la pose des dents artificielles. La plupart du temps, ces dents ne servent en rien à la mastication et ne sont qu'un ornement pour la face, ornement qui n'est pas à dédaigner assurément, mais qui ne saurait être porté à la charge d'une société.

Au dispensaire de Bordeaux est annexé un service dentaire qui a été institué en 1897, sur le Rapport de M. Fauché, et fonctionne depuis le 1er janvier 1898.

Ce service a été confié à deux chirurgiens-dentistes diplômés de la Faculté de médecine de Paris.

Ces praticiens font les plus grandes réductions de prix sur toutes les opérations dentaires ; les extractions de dents sont absolument gratuites.

« Le dispensaire, cependant, repoussant toute idée d'aumône, leur alloue à chacun, à titre d'indemnité, une somme de 25 francs chaque année.

« Les résultats de ce service sont énormes.

« M. Baril, l'un des chirurgiens-dentistes titulaires, qui a soin de faire signer chaque fois le malade à la suite des soins qu'il lui a prodigués, nous donne le *chiffre énorme* de 178 extractions de dents sans compter les pansements et les soins.

« Les sociétés qui bénéficient le plus de ce service sont naturellement celles qui comptent le plus de membres, telles que celles du Gaz, des Tabacs, etc., etc., mais toutes ont des sociétaires qui en

---

(1) Loi du 30 novembre 1892.

ont eu plus ou moins besoin, et ceux-ci n'ont eu qu'à se louer des soins qui leur ont été donnés.

« Ce service prend de l'extension tous les jours, puisque tous les jours de nouvelles sociétés adhèrent au dispensaire qui compte en ce moment plus de 40 sociétés formant un total de plus dé 4.000 membres, mais cette extension, au lieu d'être une charge pour nos dévoués collaborateurs, MM. Baril et Lot, chargés du service, ne fait que leur donner plus d'émulation encore, car ils savent qu'ils travaillent pour la grande œuvre mutualiste. »

Cette note, qui m'a été remise par M. Baril confirme ce que nous savons tous à Bordeaux, c'est que notre service dentaire est parfaitement fait et très suivi. Donc il rend des services.

VII. — DISPENSAIRES

Pour que le service médical des sociétés soit complet, il faut, au moins dans les grandes villes, un dispensaire dans lequel on trouve tous les objets nécessaires aux pansements, des bandages et ceintures, des instruments de chirurgie, et dans lequel on puisse distribuer du linge de corps, des draps, serviettes, etc..., voire même tous les articles de literie. Le dispensaire devrait contenir en outre tous les appareils de désinfection, aussi bien pour l'individu que pour l'habitation. Enfin, c'est là que devraient se donner les consultations gratuites aux mutualistes et à leurs familles, et c'est là enfin, que devraient s'opérer les pansements simples, et au besoin se pratiquer certaines opérations chirurgicales pouvant permettre le transport des malades, et se faire les analyses micro-chimiques dont nous parlerons (1).

La création des dispensaires mutualistes fut adoptée au Congrès régional de Marseille, en 1882.

En dehors de celui de Bordeaux, je ne connais que deux dispensaires en France : celui de Nantes et celui d'Angers. Ce dernier, institué sous la présidence de M. Bodet (2), est parfaitement outillé au point de vue des linges, vêtements, appareils et instruments, et constitue lui-même une sorte de société de secours mutuels dont les membres paient une cotisation annuelle de 1 franc, 60 centimes et 30 centimes suivant leur sexe et leur âge. Les objets possédés

(1) Voir page 37.
(2) Aujourd'hui décédé.

par le dispensaire sont prêtés seulement aux mutualistes qui en font partie, à moins de circonstances exceptionnelles. Le règlement de ce dispensaire que j'ai sous les yeux, ne nous dit pas s'il existe un service médical annexé au dispensaire. Il est vrai qu'il existe une bibliothèque, mais malgré l'importance que ce dernier service peut présenter, il est loin de remplacer le premier, au moins pour la question qui nous préoccupe.

— Le dispensaire de Nantes, au contraire, donne des consultations, et ces consultations paraissent rendre de réels services, puisqu'on y soigne en moyenne plus de cinquante malades par jour. Il est vrai que le dispensaire est ouvert à tous ceux qui veulent en profiter, qu'ils soient sociétaires ou non.

La création en est due aux ouvriers raffineurs, dont M. Le Cadre est président, et remonte au 11 février 1890.

J'ai en main le compte rendu des maladies traitées pendant cette première année, et je constate qu'il y a eu onze mille cinq cent quatre-vingt-douze malades des deux sexes, soit, pour 276 jours de consultations, une moyenne de quarante-deux malades par journée. J'ai lu avec le plus grand intérêt les rapports présentés par les médecins spécialistes de ce dispensaire, savoir : un Gynécologiste, un Oculiste et un Dermatologiste.

Serait-ce qu'il n'y aurait pas de consultations pour les maladies générales et courantes ? J'ai de la peine à le croire, car alors le dispensaire de Nantes serait, de ce côté-là, incomplet.

Dans une note que m'a remise autrefois, M. Le Cadre, cet honorable collègue dit que : « le dispensaire de Nantes a été greffé « sur la société qu'il dirige ; il est entretenu par les soins de la « bienfaisance et accessible à tous les travailleurs indistincte- « ment ; il est plutôt fréquenté précisément par ceux-là mêmes qui « ne peuvent ni ne veulent entrer dans nos institutions. Notre « but est de démontrer quels services peuvent rendre de semblables « œuvres. » — Je me permettrai d'ajouter que ces œuvres démontrent que la mutualité peut encore enfanter la charité, mais il n'y a rien de mutualiste, ce me semble, dans cette organisation.

Je n'ai pas trouvé non plus qu'il fût question dans cette brochure de linges, d'objets de pansements, de bandages et instruments, etc., de telle sorte qu'en comparant les deux dispensaires d'Angers et de Nantes, on arrive à concevoir une institution vraiment complète par la réunion des avantages signalés çà et là.

— Le dispensaire de Bordeaux remonte au 1ᵉʳ janvier 1894, et fournit à tous les mutualistes qui y sont abonnés, tout ce dont ils peuvent avoir besoin pour leur guérison ou l'amélioration de leur état, en dehors des drogues et des remèdes.

On leur prête tous les instruments et appareils qui ne doivent leur servir que temporairement, et qui peuvent être nettoyés et désinfectés. Il en est ainsi des appareils de fractures, de luxations, des gouttières, lits à suspensions, lits ordinaires, fauteuils, etc.

On leur donne tout ce qui est utile d'une façon continue et permanente et qui demeure en contact direct avec la peau, ainsi : les ceintures, bandages, bas à varices, etc...

Le prix d'abonnement annuel est en ce moment de 0 fr. 60 par homme, 0 fr. 50 par femme et 0 fr. 40 par enfant.

Ce service a donné les résultats suivants : Il y a eu en 1894, 939 hommes, 220 femmes, 52 enfants, au total 1.211 sociétaires, en 1899, ces nombres se sont élevés à 2,856 hommes, 1.750 femmes et 258 enfants, au total 4.864 sociétaires.

Je n'ai pas de documents sur le chiffre des recettes qui ont été effectuées pendant les exercices antérieurs à 1899.

Cette dernière année, les recettes se sont élevées à 10.131 fr. 80 c. et les dépenses à 9.932 fr. 35 c., ce qui fait un excédent de recettes de 1.189 fr. 50 c. La dépense, en 1894, n'avait été que de 81 francs.

Ces chiffres ont une éloquence à laquelle je ne saurais rien ajouter, et qui démontre quels bons effets peuvent produire en mutualité les dispensaires bien organisés.

A. — Analyses chimiques et micrographiques.

Cette question me semble se rattacher étroitement à celle des spécialités médicales, parce qu'elle est destinée à éclairer le diagnostic du médecin. Depuis les immortels travaux de Pasteur, la bactériologie joue un rôle considérable dans la cause et dans la nature des maladies, aussi le médecin est-il obligé de faire des analyses fréquentes des liquides du malade. Pour s'assurer du diagnostic, le microscope et les éprouvettes entrent en jeu, et quelle que soit la capacité du médecin, il ne lui est pas possible de faire fructueusement ces analyses, d'abord parce qu'il n'a pas l'outillage nécessaire, et aussi parce que le temps lui fait défaut, pour peu qu'il ait de clientèle à voir.

Au Congrès régional tenu à Bordeaux en 1888, M. le Dr Peytoureau, alors préparateur à la Faculté des sciences de Bordeaux, au-

jourd'hui docteur ès sciences naturelles et ancien Adjoint préposé
à l'hygiène et à l'assistance publiques, conseiller général, présenta
un Mémoire plein de sens pratique qui satisfit la section à laquelle
il fut envoyé, puisqu'il obtint le premier prix de cette section. Les
conclusions auxquelles il arriva seront à peu près les miennes.

Je pense, comme lui, qu'il serait bon de voir : 1° les sociétés
de secours mutuels posséder, soit isolément, soit collectivement,
un service d'analyses chimiques et micrographiques ; 2° ces analyses, faites d'après un tarif réduit, et seulement sur l'ordonnance
visée par le président de la Société, seraient confiées à des spécialistes, médecins ou pharmaciens ; 3° le paiement de ces analyses
serait effectué, soit en compte à demi, par la Société et le malade,
suivant la situation de la caisse.

Le Syndicat girondin des Institutions de prévoyance a organisé,
depuis le Congrès régional de 1888, un service micro-chimique à
des conditions peu onéreuses, et c'est le lauréat de 1888, M. le
Dr Peytoureau, qui en a été chargé.

Un conseil que je me permets d'ajouter, c'est que le thermomè-
tre médical *a maxima* étant devenu indispensable dans la pratique
médicale, les Sociétés en acquièrent un certain nombre déposés
chez les malades lorsque besoin sera, et repris par elles quand ce
besoin aura cessé.

B. — *Visite et examen des candidats.*

Un point important qui a été signalé à la 1re Section du Congrès de
Paris (1), c'est le danger que présente pour le budget d'une société
l'admission trop facile de candidats qui, par suite de leur constitution, ou de leur état de santé, peuvent devenir une grosse charge
pour la caisse.

Il est incontestable que l'admission d'un phtisique, d'un car-
diaque ou d'un rhumatisant dans une société peu nombreuse et peu
fortunée, sera l'occasion de dépenses fréquemment répétées, pouvant durer plusieurs années, et ne faisant espérer aucune compen-
sation par la santé à venir, car le malade succombe après n'avoir
fait que dépenser.

Ces faits-là sont journaliers, et les sociétés importantes s'en plaignent elles-mêmes.

Y a-t-il moyen d'éviter ces cas fâcheux ? Assurément non si le

(1) 1889.

candidat se présente dans un état de santé parfaite, car la maladie peut être acquise accidentellement; mais au contraire oui, si l'affection est constitutionnelle.

Comment s'y prendre? En exigeant un certificat de visite médicale, non pas une de ces attestations banales qu'un médecin ne peut jamais refuser à un client; mais un certificat résultant d'un examen sérieux.

Je citerai comme un excellent exemple à suivre ce qui se fait à Bordeaux, à la société de prévoyance du Gaz et qui est dû à l'intelligente initiative de M. Rodberg, son ancien directeur; tous les lundis, un des médecins de la Société passe l'examen complet des candidats qui se présentent, admet ceux qui lui paraissent indemnes, refuse ceux qu'il reconnaît atteints de maladie ou d'infirmité et ajourne les douteux.

Ce système ayant paru donner de bons résultats, la Société des Tramways l'a adopté également, et là, la visite des candidats a lieu deux fois par semaine, le mardi et le vendredi.

C'est un exemple à signaler et qui pourrait être suivi dans la plupart des sociétés d'hommes. Il est vrai qu'il ne saurait être aussi praticable dans celles de femmes. Le dispensaire serait le lieu tout indiqué, et le certificat d'examen serait payé, soit par le candidat, soit par la société, suivant les statuts.

Le Congrès de Paris avait du reste adopté la résolution suivante (p. 3 du Compte rendu) :

« Soumettre tout nouveau membre participant à la visite d'un des médecins de la société, exiger de lui une déclaration écrite qu'il n'est atteint d'aucune affection ou infirmité chronique, au moment de son entrée dans la société. »

Quelle que soit la teneur du certificat, il est bon qu'il ne soit pas remis au candidat, mais envoyé sous pli cacheté au président de la société, c'est du reste ce qui se pratique dans la plupart des associations. Le prix du certificat, qui est à Bordeaux de 2 francs, est payé par la société ou par le candidat, mais toujours au comptant. Les sociétés du Gaz et des Trams traitent par abonnements.

C. — *Vaccinations et revaccinations.*

Je suis conduit tout naturellement à vous parler des vaccinations et revaccinations à pratiquer chez les membres des sociétés de secours mutuels et chez leurs parents, le dispensaire se trouvant le lieu fixé pour ces petites opérations.

Mais est-il utile de se faire vacciner ou revacciner? C'est là une double question à laquelle les faits se sont chargés de répondre. On est parvenu, en effet, à extirper la variole dans des localités, comme Bruxelles et Berlin, où les vaccinations et revaccinations sont obligatoires. Une fausse idée de liberté individuelle n'a pas permis d'introduire encore chez nous cette obligation, mais c'est là un motif de plus pour que la raison nous pousse là où la loi ne nous contraint pas.

Un médecin de Paris, M. le Dr Grange, de l'*Union médicale et pharmaceutique* de la Seine (1), adressa au Congrès-Concours de Philippeville, un mémoire fort bien fait, démontrant non seulement l'utilité, mais la nécessité des vaccinations et des revaccinations dans les sociétés de secours mutuels. Mon honorable confrère voudrait que la vaccination et la revaccination fussent une clause statutaire des sociétés.

Le travail de ce confrère s'appuie sur l'autorité de l'Académie de médecine et sur des faits connus du monde médical tout entier pour engager les sociétés à ne jamais admettre aucun candidat sans l'avoir fait vacciner et revacciner. Je vous avoue que je ne suis pas éloigné d'approuver ces conclusions, tant il importe au point de vue de la santé et de la vie de nos sociétaires, et à celui de nos ressources budgétaires, d'éviter toutes les causes morbides qu'il nous est possible de conjurer. Or, quelle cause plus tangible que la variole qui se transmet contagieusement et avec une facilité surprenante?

Quelles doivent être les règles de la vaccination et de la revaccination? L'enfant doit être vacciné dans la première semaine de sa naissance, sauf les cas exceptionnels dont le médecin seul est juge. Vers l'âge de dix ans, doit avoir lieu une première revaccination, et de vingt à vingt-cinq ans, une seconde revaccination. Tout candidat, désirant entrer dans une société, devrait donc présenter un certificat médical constatant, non seulement le bon état de sa santé, mais encore qu'il a été revacciné avec succès. Dans le cas de non-revaccination, ou bien, si la revaccination a été infructueuse, le candidat devrait se soumettre à une nouvelle revaccination qui lui ouvrirait les portes de la Société.

La sanction suivante a été proposée par le président d'une société bordelaise, c'est que si le sociétaire devient varioleux après avoir

____

(1) Lauréat (médaille d'or) du congrès de Philippeville (1890).

refusé la vaccination ou la revaccination, il perdra les avantages accordés par les statuts de la société.

D. — Opérations chirurgicales.

Les opérations chirurgicales ne relèvent pas généralement du service médical ordinaire des sociétés de secours mutuels! Quel en est le motif? Celui qui me paraît dominer tous les autres, c'est que ces opérations exigent le concours de plusieurs médecins, l'emploi d'appareils et d'instruments spéciaux. Les soins consécutifs sont longs et dispendieux, et ils l'étaient bien plus encore avant l'introduction de la méthode antiseptique dans la pratique chirurgicale. La plupart des sociétés ne sont pas en état, avec la modique cotisation qu'elles reçoivent, de pourvoir à des frais aussi considérables.

Je ne puis admettre, en effet, que la cause majeure vienne du fait des médecins, la plupart de nos docteurs actuels sont parfaitement en état de pratiquer des opérations chirurgicales et de les mener à bien; ils font pour cela les études nécessaires, et subissent les examens probatoires. J'ajouterai même qu'un grand nombre d'entre eux ne demanderaient pas mieux que d'avoir l'occasion d'appliquer les bons principes qu'ils ont reçus dans nos Écoles, et de montrer qu'ils sont dignes de la confiance qu'on leur accorderait.

Une autre cause à signaler, est le logement du sociétaire qui ne se prête pas toujours à ce que l'opération soit pratiquée à son domicile. Le mutualiste n'est pas riche, et peut manquer de linge, d'objets de literie et de bien d'autres choses encore. Il pourra falloir le concours de garde-malades, toutes choses coûteuses ou difficiles à trouver.

Du jour où les dispensaires se seront multipliés, où ils pourront fournir à l'opéré les objets qui lui sont nécessaires pour subir chez lui les opérations jugées utiles, ces opérations seront plus fréquentes à domicile ou au dispensaire. Du jour où le service des garde-malades, dont j'ai parlé dans un chapitre précédent (1), sera organisé, de ce jour-là nous opérerons chez eux un plus grand nombre de malades au grand avantage du résultat à obtenir, ce qui n'empêchera pas que, pour un certain nombre, l'hôpital sera toujours une ressource nécessaire.

(1) Voir page 27.

Le Comité médical de Bordeaux accepte de pratiquer à domicile un certain nombre d'opérations cataloguées dans son règlement, et à des prix fixés d'avance, qui permettent aux sociétés adhérentes d'apprécier si elles peuvent prendre sur leur caisse les sommes nécessaires à ce service ou si elles doivent en faire supporter une partie aux sociétaires eux-mêmes.

La Société de prévoyance du Gaz de Bordeaux, toujours en avant quand il s'agit de bienfaisance et de progrès, a accepté le tarif indiqué et en paie le montant sur sa caisse ordinaire, dégageant ainsi le sociétaire de toute charge de ce côté-là. D'autres sociétés, moins fortunées, prennent à leur charge la moitié de la dépense et laissent au sociétaire le soin de payer l'autre moitié. Telle est l'*Association corrézienne* de notre ville.

J'ai en main un autre tarif se rapportant à la société de Sannois (Seine-et-Oise), dont les chiffres sont un peu moins élevés que ceux du tarif précédent, mais cela tient peut-être à l'importance des localités dont la population est bien différente. Notre collègue, M. le docteur Rétali, n'a eu garde d'oublier ce couronnement du service médical, et si c'est lui qui pratique le plus grand nombre d'opérations à Sannois, il le fait assurément avec une grande générosité !

VIII. — HOPITAUX

La pensée créatrice des sociétés de secours mutuels est juste l'inverse de celle qui a donné naissance aux hôpitaux. Les sociétés, en effet, sont instituées pour soigner, dans sa famille, le sociétaire malade, et pour lui permettre d'y recevoir tous les soins dont il peut avoir besoin en vue du rétablissement de sa santé. Et cependant il est des cas où les sociétés ne peuvent se passer du concours des hôpitaux, lorsque, par exemple, le sociétaire, gravement malade, est seul, sans parents, lorsque la maladie doit être contagieuse pour ceux qui lui prodigueraient leurs soins, et dans une foule d'autres cas qu'il serait trop long d'énumérer ici.

Ce préliminaire admis, la première question qui se pose est celle de savoir si l'hôpital doit exonérer le sociétaire du paiement de la journée de maladie.

L'*Union Lyonnaise des Commis et Employés* s'est demandé, au Congrès du Havre (1887) : « S'il est conforme aux principes de la justice, qu'une société prélève sur les administrations hospitalières une sorte de contribution forcée en mettant à leur charge des malades que, en vertu d'une convention particulière, elle s'est engagée à soigner et pour lesquels soins elle a touché une cotisation annuelle (1). »

Je me permettrai de demander à l'Union lyonnaise en quoi les principes de la justice seront-ils violés s'il y a convention entre les parties, et, par suite, consentement réciproque.

L'expression « contribution forcée » me semble aussi n'être pas ici à sa place, puisque rien ne force les administrations hospitalières à telles ou telles concessions.

Je me rangerais plus volontiers à l'opinion de M. le Dr Rétali, de Sannois, qui, dans le même Congrès, a signalé que : « Les sociétés rendent de réels services aux communes, aux Bureaux de bienfaisance et à l'Assistance publique en les dégrevant d'une nouvelle clientèle. Or, n'est-il pas équitable que, dans des circonstances particulières, les hôpitaux ouvrent gracieusement leurs portes aux membres de ces sociétés (2)?

Là où je diffère d'opinion avec mon honorable confrère de Sannois, c'est quand il demande que l'on impose cette obligation aux hôpitaux, quelle que soit la situation financière de ces derniers. C'est alors que se produirait la « contribution forcée », redoutée par l'Union Lyonnaise et qu'on pourrait arguer du déni de justice signalé par elle.

Les administrations hospitalières ont des situations différentes suivant les temps et suivant les lieux ; il en est de même des sociétés. Quelques-unes de celles-ci peuvent convenablement payer les journées de maladie que leurs membres passent à l'hôpital, tandis que d'autres sont dans l'impossibilité absolue de supporter cette charge.

Et puis, comment pourrez-vous contraindre un hôpital qui a été fondé par des donations privées, par exemple, en vue de soulager les malades d'une ville déterminée, à dépenser ses revenus en faveur de malades étrangers à cette ville? Voilà où serait l'injustice criante.

Laissons donc en présence les sociétés et les commissions administratives discuter leurs intérêts propres, et facilitons l'entente en conseillant aux premières de montrer le moins d'exigences possible, et aux secondes de faire, en faveur des sociétés, tous les sacrifices compatibles avec leur situation financière. Il y a des endroits où le sociétaire malade pourra être admis gratuitement, d'autres

(1) Congrès-Concours du Havre, page 310.
(2) Congrès-Concours du Havre, page 287.

où une remise plus ou moins large pourra être accordée, et d'autres, enfin, où la journée entière sera forcément exigée si l'administration hospitalière se trouve dans une moins bonne situation pécuniaire que la société. Sachons être opportunistes quand il le faut.

Il en est qui demandent des hôpitaux pour les mutualistes et dans lesquels ceux-ci seuls seraient admis. Ceux qui expriment ce désir, semblent croire que la Mutualité française a des capitaux de reste, alors qu'elle n'a pu arriver encore à donner des retraites atteignant la moyenne de cent francs!

IX. — HOSPICES ET MAISONS DE RETRAITE

Dans une allocution prononcée par le président d'une société qui a disparu depuis, « Bordeaux prévoyant », et rapportée par l'*Écho girondin de la Mutualité* (numéro de juin 1892), notre honorable collègue exprimait le souhait que « le gouvernement, les départements et les communes contribuassent à établir des asiles dans chaque chef-lieu de département où tout mutualiste vieux où infirme fût recueilli et soigné ». Et la foi était chez lui si grande qu'il ajoutait : « Du jour où ces asiles existeront, et où l'ouvrier sera sûr que ses vieux jours ne seront pas atteints par la misère et la faim, alors, au lieu de cris séditieux, de grèves et de révolutions, il n'y aura plus que paix, travail et fraternité. »

La pensée exprimée là vient assurément d'un bon naturel. C'est par le désir qu'il a de voir régner en France la paix et la fraternité, qu'il en cherche le moyen et qu'il croit le découvrir dans la création d'hospices départementaux entretenus par les communes, les départements et l'État au profit des mutualistes (1).

Loin de moi la pensée de repousser l'existence de maisons de retraite créées à l'usage exclusif des mutualistes; mais sommes-nous arrivés à une époque où nous puissions espérer cette création?

Sans doute ce projet peut être réalisé dans certains milieux mutualistes, comme celui de Marseille, par exemple, qui, depuis longtemps, pratiquent la retraite. Mais il est indispensable que le mutualiste ait d'abord une retraite suffisante pour pouvoir être reçu dans un asile mutualiste s'il ne peut être conservé dans sa famille, car c'est toujours à la famille que nous donnerons la préférence. Est-ce là une règle applicable en général?

(1) Cette pensée se trouve développée dans un projet de M. Chappaz, instituteur à La Biot (Haute-Savoie), inséré dans le compte rendu du Congrès du Havre (1887).

Assurément non, et la Mutualité française a bien d'autres desiderata à voir réaliser avant le couronnement de l'œuvre. Beaucoup de nos sociétés ont de la peine à accorder des retraites de 72 francs par an, et bien peu sont assez fortunées pour arriver au chiffre déjà bien minime de 360 francs qui est le maximum de la loi!

Le moment serait donc bien mal choisi pour demander aux pouvoirs publics ce qui pourrait paraître à leurs yeux le superflu, alors que nous manquons même du nécessaire. Il n'y aura pas trop de tous nos efforts pour obtenir quelque amélioration à la situation précaire qui nous est faite, ne cherchons pas à les diviser et sachons ajourner à des temps meilleurs la réalisation de certains désirs !

Est-ce à dire que la question ne puisse être étudiée, qu'elle ne puisse être portée, par exemple, devant les Congrès régionaux et nationaux pour voir, dans ce projet, ce qui est réalisable?

Je ne le pense pas, et je crois qu'il n'est jamais trop tôt pour poser des questions dont les solutions appartiennent à l'avenir.

J'appelle donc de tous mes vœux un acte généreux d'un philanthrope donnant à la Mutualité française un immeuble vaste, aéré et sain, pouvant recueillir ceux d'entre nous que le malheur a frappés et qui volontairement iraient y dépenser la modeste retraite qu'ils se seraient acquise par leur travail et leur prévoyance. Mais il y a loin de cette maison de retraite unique ou à peu près, aux 86 hospices départementaux dont j'ai eu l'honneur de vous entretenir. Et encore la maison de retraite ne serait pour moi qu'un pis aller, car ce à quoi la mutualité doit tendre incessamment, c'est la constitution et la pérennité de la famille sans laquelle disparaîtrait bien vite la fraternité dont notre œuvre est l'émanation. Nous devons tout faire pour conserver le mutualiste dans sa famille ou même dans une autre famille, si la sienne lui fait défaut, et ce n'est que pour les cas exceptionnels que nous admettons les maisons de retraite.

Au moment où je viens d'écrire ces lignes, je m'aperçois que la question n'est pas neuve, que le Congrès de Lyon s'en est déjà préoccupé, et que ses conclusions ont été conformes à celles que je viens de développer moi-même.

Voici l'opinion de ce Congrès sur cette question :

« L'œuvre et la pensée primordiale de l'institution des Caisses de retraite est de soustraire le vieillard à l'obligation d'user de ces asiles, et de lui permettre de finir ses jours dans le milieu où il a toujours vécu, c'est-à-dire dans sa famille. La création d'asiles demande des fonds considérables ; les retraites faites par les Sociétés sont généralement minimes et hors d'état de permettre aux pensionnaires l'accès des maisons de santé, où ils pourraient trouver un bien-être supérieur à celui existant dans les établissements publics. La dépense journalière est de plus de 2 francs par jour dans les différents hospices de Lyon, il faudrait ajouter à ces dépenses la location ou l'intérêt des sommes affectées à l'achat d'un local convenable. Si les sociétés possédaient un capital suffisant et permettant de faire face à de pareilles dépenses, ou si l'État acceptait cette charge, il serait de l'intérêt de la Mutualité de demander que ces allocations ou ces capitaux fussent attribués aux fonds de retraite, ce qui permettrait d'élever le taux des pensions.

Le Congrès vota : « Il est de l'intérêt de la Mutualité que toutes les allocations de l'État et que tous les capitaux des Sociétés soient affectés aux fonds de retraite, de façon à élever de préférence le taux des pensions et à atteindre ce but éminemment philanthropique et moralisateur : « le vieillard vivant dans sa famille ».

Je ne saurais clore ce long rapport par une pensée meilleure.

X. — CONCLUSIONS

1° Si la famille n'est pas comprise dans le personnel de la société, c'est-à-dire si celle-ci n'est pas mixte, elle doit être abonnée au service médical au moyen d'une cotisation spéciale payée par le chef de famille ;

2° Le congrès international ne saurait trop encourager l'organisation des services dits *accessoires* tels que : service de nuit pour les malades et les accouchements, garde-malades, médecins spécialistes, bibliothèques mutualistes, et enfin dispensaires dans lesquels se feraient les analyses micro-chimiques, l'examen des candidats, les vaccinations et revaccinations, certaines opérations chirurgicales, etc... ;

3° Le Congrès exprime le désir que des prix de faveur soient accordés par les administrations hospitalières aux malades mutualistes obligés de recourir à l'hôpital, et appelle de tous ses vœux la création d'hospices spéciaux et de maisons de retraite spéciales aux mutualistes.

Ces conclusions ont été adoptées par le congrès international.

SECONDE PARTIE

ORGANISATION PHARMACEUTIQUE

I. — PRÉLIMINAIRES

En me demandant un rapport sur l'organisation du service pharmaceutique en France, le Comité d'organisation du congrès international de la Mutualité a eu sans doute pour but de rechercher quels sont les divers systèmes adoptés pour assurer le meilleur traitement des malades, et en dégager des formules positives et claires permettant d'introduire sûrement dans tous les services les perfectionnements que réclame l'intérêt général des mutualistes.

Une importante étude sur la même question a déjà été lue au IV° Congrès national de Bordeaux, en 1892, par M. Georges Fauché, aujourd'hui vice-président du Syndicat girondin. Je ferai à cette étude de nombreux emprunts en remerciant l'auteur de vouloir bien ainsi faciliter ma tâche et le félicitant de la façon magistrale avec laquelle il a conçu et traité son vaste rapport.

Voici du reste l'appréciation qu'en donne un homme du métier, bien compétent dans cette question, M. Émile Bernard, mon collaborateur pour cette étude, qui a exercé la pharmacie à Bordeaux pendant trente ans;

« Bien que le très remarquable rapport de M. Georges Fauché sur l'organisation du service pharmaceutique ait été lu à l'époque du IVe Congrès mutualiste tenu à Bordeaux en 1892, c'est-à-dire il y a déjà huit années, ce rapport n'en reste pas moins le plus complet et le plus instructif touchant cette importante question. On peut encore en tirer les meilleures indications, car les arguments qu'il contient n'ont rien perdu de leur valeur; on le consultera donc toujours avec profit. »

Mais, quoi qu'on fasse, le temps marche, des idées nouvelles surgissent que suivent de près de nouvelles organisations qu'il faut connaître et apprécier sous peine de paraître n'être plus de son temps, etc... »

Mon travail sera, autant que faire se pourra, tenu au courant de ce qui s'est accompli depuis les huit dernières années et l'appréciera avec la plus grande impartialité, espérant trouver auprès de vous, mes chers collègues, l'encouragement qui m'est utile pour parcourir une route aussi longue et aussi ardue.

II. — HISTORIQUE

L'importance considérable de la question pharmaceutique et l'accroissement incessant des charges mutualistes, ont particulièrement appelé, depuis fort longtemps déjà, l'attention de nos sociétés sur ce service essentiel, autant pour tenter d'y réaliser de sérieuses économies que pour compléter sans cesse et perfectionner toujours les systèmes adoptés, à la satisfaction de tous les intérêts.

Le premier Congrès national de la Mutualité Française, tenu à à Lyon en 1893, s'était vivement préoccupé de la solution de ce grave problème, que le Congrès national de Marseille, en 1886, et les Congrès-Concours du Havre et de Bordeaux, en 1887 et 1888, tentèrent également de résoudre.

Après de nombreuses délibérations, ces divers Congrès ont exprimé, au sujet de la question pharmaceutique plusieurs desiderata respectivement conformes dans l'esprit et qui paraissent dégager, sur ces quelques points, la formule exacte du sentiment général des mutualistes.

En effet, le vœu du Congrès national de Lyon tendant à la fondation, dans le plus grand nombre de cas possible, de pharmacies mutualistes, est également adopté trois ans plus tard, par le Congrès national de Marseille. Présenté ensuite avec succès, par M. le docteur Rétali, en 1887, au Congrès-Concours du Havre, et pris en considération, l'année suivante, avec le mémoire de M. Colombet, au Congrès-Concours de Bordeaux.

Il en a été de même, à tous égards, en ce qui concerne l'exclusion nécessaire, en termes génériques, des médicaments spéciaux et des eaux minérales, du cadre des soins pharmaceutiques accordés par nos sociétés, ainsi que pour l'extension aux membres de la famille du sociétaire, d'un tarif privilégié, uniformément réclamé et pour l'abonnement collectif des sociétés d'une même localité à des groupes de pharmaciens.

Plusieurs autres vœux isolés, parfois même d'un ordre contradictoire, et dont les auteurs ont gardé l'entière responsabilité, ont été concurremment émis dans ces diverses assemblées, notamment en faveur de l'adoption du tarif de Bordeaux, réduit et amendé, de préférence au système d'abonnement pharmaceutique.

Cet ensemble de vues imposa au IVe Congrès mutualiste national tenu à Bordeaux, l'étude approfondie et décisive d'une question aussi importante et aussi controversée (1).

Ce Congrès a été le plus important qui se soit tenu au sujet des questions pharmaceutiques, une commission spéciale fut chargée d'étudier tous les mémoires, et en particulier ceux de MM. Georges Fauché (de Bordeaux), Puteaux (de Paris) au nom de la Ligue nationale de la Prévoyance, du *Grand conseil* des Bouches-du-Rhône, du *Comité général* des Bouches-du-Rhône, de M. Louis Berlin (de Maisons-Laffitte), de la *Mutuelle Commerciale Havraise*, etc.

Beaucoup d'orateurs prirent la parole pour soutenir et combattre les projets émis, et, en particulier, MM. Arthur Petit (de Paris), Chastoul (de Marseille), Dambier (de Bordeaux), Dennery (de Paris), Hérente (de Toulon), Poirier (de Marseille), etc.

On ne pouvait pas accuser d'incompétence la commission dont le Bureau était ainsi composé : *Président*, M. Chastoul ; *Vice-Président*, M. Arthur Petit ; *secrétaire*, M. Hérente (de Toulon) ; *Rapporteur*, M. Lance (de Grenoble) : sur 50 membres dont elle se composait, on comptait 17 pharmaciens, fournisseurs de sociétés mutuelles.

Or, voici quelles furent les principales conclusions adoptées par le Congrès :

1° La pharmacie coopérative est le type vers lequel doivent tendre les sociétés mutuelles ;

2° En attendant, les sociétés doivent chercher à obtenir le tarif le plus réduit et revisé le plus fréquemment possible ;

3° Les médecins sont invités à diminuer par le libellé de leurs ordonnances, les charges pharmaceutiques ;

4° Introduire toute la famille dans la fourniture des médicaments ;

5° Création de dispensaires.

Depuis le Congrès de 1892, aucune question nouvelle n'a surgi dans les congrès subséquents, à Saint-Étienne, à Saintes, etc., et enfin est arrivée la loi du 1er avril 1898 qui, donnant à la Mutualité française un essor plus grand, amènera, il faut l'espérer, une

_____

(1) Voir Compte rendu, — Rapport Fauché.

VII.

4

organisation plus méthodique et plus lucrative, c'est donc sur elle que nous nous reposons.

III. — ORGANISATION DU SERVICE

Je propose de diviser l'organisation suivant qu'il y a tarif, qu'il y a pharmacie mutualiste ou qu'il y a abonnement, et j'étudierai les divers cas où : 1° Tous les pharmaciens participent à la fourniture des remèdes, et c'est alors un syndicat général auquel s'adressent les sociétés mutuelles individuellement;

2° Une partie des pharmaciens, constituant un syndicat partiel, fournit à d'autres sociétés syndiquées également;

3° Enfin, les pharmacies mutualistes fondées et possédées par des sociétés syndiquées;

4° Les sociétés syndiquées paient un abonnement annuel pour les sociétaires et leurs familles.

A. — *Sociétés desservies au tarif.*

Dans le premier cas que nous allons examiner, il s'agit d'une seule société existant dans une commune qui ne possède qu'un pharmacien. La société est obligée d'en passer par où veut le pharmacien parce que, quelle que soit son importance, elle n'en a pas assez cependant pour lutter contre le pharmacien. Il en sera de même si, au lieu d'une société, il y en a deux, il y en a même trois, et la situation ne changera que le jour où le nombre des sociétaires sera suffisant pour attirer un second pharmacien, et encore faut-il qu'il y ait entre les deux officines une certaine réserve, car du moment où les deux praticiens tomberont d'accord, le pot au lait des sociétés sera brisé.

Et il est brisé d'avance si les pharmaciens, au nombre de plusieurs, commencent à se syndiquer, préalablement à toute démarche. Il faudra que les sociétés soient nombreuses, et surtout les sociétaires nombreux pour obtenir des avantages, c'est-à-dire des tarifs réduits.

C'est dans ce but que, dès 1859, se syndiquèrent les pharmaciens de Bordeaux. Ils dressèrent un tarif qu'ils traitèrent de *tarif à prix réduit*, ce que je ne puis contester, n'ayant pas en mains les éléments nécessaires.

Dans tous les cas, ce fut un progrès, paraît-il, puisque la plupart

des sociétés l'adoptèrent. Cependant il me sera bien permis de ne
pas trop m'extasier devant cette réduction, puisqu'il a existé depuis
des tarifs beaucoup plus réduits que celui-là, tels que celui de la
Compagnie du Midi, celui de la Caisse mutuelle, pour ne citer que
les plus connus, et qu'ils ont été acceptés par les mêmes praticiens.

Tous les pharmaciens ayant intérêt à bien vendre leurs produits
et à être bien payés entrèrent dans le Syndicat, de sorte que, pendant quarante ans, chaque mutualiste bordelais fut habitué à
avoir à sa porte son fournisseur. C'est ce qui fait aujourd'hui la
grande difficulté qu'il y a et qu'il y aura longtemps à modifier
l'ancien état de choses.

Dans beaucoup de villes le service pharmaceutique s'exécute
de la même manière : je pourrais citer Paris, Rouen, Lille,
Reims, etc., et dans ces villes, ce n'est pas le tarif de Bordeaux qui
est en vigueur, mais celui de Paris ou de toute autre ville.

*B. — Syndicats partiels de pharmaciens fournissant des groupes
de sociétés.*

M. Georges Fauché nous apprend que les pharmaciens de Sannois
(Seine-et-Oise) ont librement consenti un rabais de 10 % sur les
prix du tarif de Bordeaux; à Souillac (Lot), cette réduction est de
20 %, et enfin elle est de 30 % à Pau.

Félicitons MM. les pharmaciens de Pau d'avoir su comprendre
leurs véritables intérêts, puisque nous prouverons plus loin que,
malgré cette réduction relativement importante, il leur reste encore
un bénéfice net de 50 °/₀.

Il est fâcheux que le Syndicat des pharmaciens de Bordeaux
n'ait pas eu la même intelligence de la situation, cela aurait évité
la scission qui s'est produite et qui a amené la création du *Comité
pharmaceutique.*

Avant d'entrer dans le cœur du sujet, permettez-moi un détail
rétrospectif.

J'ai dit que le Syndicat des pharmaciens de Bordeaux se forma
en 1859 et publia le premier tarif de médicaments à l'usage des
sociétés de secours mutuels. Le but de ce tarif fut surtout, ce sont
les rédacteurs qui le disent, « de fournir un moyen facile, commode
et prompt de taxer en tout temps les mêmes fournitures avec une
précision mathématique ».

Quant aux bases du tarif, il n'en est nullement question comme cela a été constaté dans une note de M. Darquié (1) (de Toulouse).

C'est donc d'une façon arbitraire qu'a été conçu le premier tarif et qu'il a été appliqué. Huit éditions de ce tarif ont été publiées, et chaque nouvelle édition n'a eu lieu que parce que la précédente était épuisée. Une seule fait exception, c'est celle de 1894 qui parut pour empêcher la fondation du Comité pharmaceutique dont le *Syndicat Girondin des Institutions de Prévoyance* prit l'initiative, et voici dans quelles conditions.

Par sa circulaire, en date du 15 avril 1891, M. le Ministre de l'Intérieur signalait aux sociétés de secours mutuels le chiffre considérable auquel s'élèvent chaque année les dépenses pharmaceutiques de ces sociétés, et le danger que fait courir à leur caisse la surélévation de ces dépenses. Il invitait en conséquence les sociétés de secours mutuels à rechercher les moyens d'alléger les frais de médicaments, tout en conservant à ceux-ci leur vertu curative qui est surtout nécessaire lorsqu'il s'agit de mutualistes vivant, eux et leurs familles, de leur travail quotidien.

C'est dans cette pensée que le IVᵉ Congrès national de la Prévoyance et de la Mutualité, tenu à Bordeaux en 1892, a formulé des vœux tendant à réduire au minimum les dépenses pharmaceutiques. Ces vœux peuvent se résumer dans le dernier, qui porte le numéro 7, et qui est ainsi conçu : « Que les tarifs servant de base aux règlements des mémoires pharmaceutiques, soient l'objet d'une revision annuelle, afin qu'ils soient constamment en harmonie avec les abaissements de prix, résultant des progrès de la science (2). »

La fin de l'année 1892 sonna, et les premiers mois de 1893 s'écoulèrent sans que rien eût été fait pour appliquer le principe posé par le congrès auquel avait largement participé le Syndicat des pharmaciens, et c'est de ce dernier que le Syndicat Girondin des Institutions de Prévoyance attendait la revision annuelle votée par le Congrès, afin de mettre le tarif en harmonie avec les abaissements de prix, résultant des progrès de la science.

Les sociétés se plaignaient et réclamaient la réalisation d'un vœu important qui leur paraissait être une sorte de contrat moral.

Pour donner satisfaction aux sociétés, le Syndicat Girondin nomma une commission chargée d'étudier la question pharma-

(1) Voir plus loin, p. 55.
(2) Compte rendu des travaux du Congrès, p. 231.

ceutique, de se mettre en rapport avec le Syndicat des pharmaciens, et d'obtenir de lui bénévolement une réduction de prix sur le tarif de 1890, alors en vigueur (6° édition) ; M. Dutap en fut nommé le président, et M. Fauché le secrétaire.

La commission, que nous appellerons pharmaceutique pour éviter toute confusion, apprit, non sans étonnement, que les médicaments étaient fournis à Bordeaux, à certaines administrations, caisses, sociétés, etc., ainsi que je l'ai dit plus haut (1), par des pharmaciens, les uns faisant partie du Syndicat pharmaceutique, les autres n'en faisant point partie, à un taux inférieur, de 20 % au moins au tarif de 1890.

Mais une découverte qui produisit une impression plus profonde encore sur la Commission pharmaceutique, ce fut que des pharmaciens, les uns syndiqués, les autres non syndiqués, vendaient au public, et quelquefois à crédit, certains médicaments avec un rabais dépassant parfois de 20 °/₀ les prix du tarif de 1890.

En y réfléchissant cependant, c'était un résultat fort explicable si l'on se rappelle que le tarif datait de trois ans, et qu'en trois années, il peut y avoir, à l'époque où nous vivons, des abaissements de prix considérables par suite du perfectionnement dans la fabrication.

L'œuvre de la Commission pharmaceutique étant mûre, celle-ci, après un essai d'entente verbale avec le Syndicat des pharmaciens resté infructueux, lui écrivit officiellement pour lui demander une réduction de 20 °/₀ sur le tarif de 1890 (6° édition).

Le Syndicat des pharmaciens répondit par un refus catégorique consigné dans une lettre restée célèbre et qui rapporte la délibération prise par ses membres le 10 juillet 1893. Nous ne reproduirons pas en entier cette lettre qu'a publiée l'*Écho Girondin de la Mutualité* dans son numéro du mois d'août 1893, mais nous croyons devoir en extraire les deux motifs ci-après pour les placer en regard des actes du Syndicat des pharmaciens :

« Il refuse, 1°.....

« 2° Parce qu'un rabais de ce genre, sur un tarif réduit, enlèverait la presque totalité des bénéfices et exposerait peut-être, dans certains cas, les sociétaires à consommer des préparations défectueuses et des produits de qualité médiocre, alors qu'eux, travailleurs, ont besoin, plus que personne, de médicaments irréprochables amenant un prompt soulagement de leurs maladies.

(1) Voir p. 51.

« 3° Pour conserver...

« Les membres du Syndicat des pharmaciens prennent, en sus, l'engagement de faire chaque année une revision sérieuse de leur tarif, de l'amender dans la mesure du possible, enfin de réduire leurs prix tout en conservant un bénéfice modeste, mais légitime. »

Seulement cette revision sérieuse avait été oubliée au commencement de 1893, trois mois après le Congrès. Ils s'en sont souvenus à la suite des démarches de la Commission pharmaceutique.

La réduction consentie, en janvier 1894, par le Syndicat des pharmaciens, est, dit ce dernier, de 20 % sur le tarif de 1890.

En acceptant comme exacte cette affirmation, nous nous sommes demandé, et bien d'autres se demanderont avec nous, comment le Syndicat des pharmaciens a-t-il pu admettre une réduction de 20 % au mois de janvier 1894, alors que, six mois plus tôt, cette réduction devait exposer les sociétaires à consommer des préparations défectueuses et des produits de qualité médiocre. Explique qui pourra cette contradiction.

Quoi qu'il en soit, la Commission pharmaceutique, comprenant que la réponse du Syndicat des pharmaciens était une fin de non-recevoir claire, nette et précise, poursuivit le but indiqué par son mandat, et chercha à créer un Comité pharmaceutique indépendant du Syndicat des pharmaciens, ce dernier se montrant absolu et intraitable dans sa toute-puissance.

Plusieurs fois, la Commission pharmaceutique soumit au Syndicat Girondin ses vues et ses projets, et chaque fois, celui-ci donna à cette Commission son approbation la plus complète et les encouragements les moins douteux.

Des pourparlers s'établirent entre la Commission et un certain nombre de pharmaciens de la ville et de la banlieue, après lesquels s'est constitué le *Comité pharmaceutique* qui entra en fonctions le 16 mars 1895, époque à partir de laquelle aucun des dix-neuf pharmaciens adhérents n'a eu plus rien à démêler avec le Syndicat des pharmaciens.

Ces statuts donnent à nos Sociétés syndiquées les plus sérieux avantages : 1° en établissant en faveur de celles-ci une réduction de 15 p. 100 sur les prix portés au tarif de 1899 (8° édition); 2° en faisant bénéficier la famille tout entière de cette réduction; 3° en soumettant à l'analyse les produits fournis par le Comité pharmaceutique, qui doivent toujours être de première qualité.

Si l'on ajoute à ces trois avantages que ces pharmaciens, répandus sur tout le territoire de la ville, sont au nombre de 18, nous pensons qu'aucune objection sérieuse ne pourra être faite par nos sociétés syndiquées au nouveau service pharmaceutique qu'elles ont, du reste, appelé de tous leurs vœux et qui a été organisé par leurs mandataires avec autant de zèle que de dévouement.

Nous nous permettrons de faire valoir une dernière considération, c'est que toute société adhérente au Comité pharmaceutique réalisera une économie plus que suffisante pour lui permettre de faire partie du Syndicat Girondin et de bénéficier, si elle le désire, de tous les avantages du Dispensaire mutualiste, sans bourse délier.

Service à Lyon. — A Lyon, les pharmaciens faisant partie du Syndicat de la pharmacie de Lyon et du Rhône, s'engagent à fournir des médicaments de première qualité et à les coter suivant le tarif spécial adopté par le Bureau de Bienfaisance, mais avec une réduction de 6 % sur les prix, destinés à couvrir les frais de trésorerie et de vérification.

La ville est pour cela divisée en 15 sections, plus 4 sections de banlieue, comme pour le service médical.

Les deux services médicaux et pharmaceutiques sont sous la surveillance du *Comité général des sociétés* de Lyon.

A *Toulouse*, des Commissions mixtes de pharmaciens et de mutualistes se sont réunis sans aboutir, les pharmaciens cherchant à vendre cher et les mutualistes demandant des prix modérés d'après l'un d'eux (1). Devant cet antagonisme inévitable, fatal, tout est encore en suspens.

On discute un tarif, les pharmaciens offrent le tarif du Syndicat de Bordeaux ou un tarif qu'ils ont fait et qui est un peu plus cher, toujours au dire de mon correspondant. A son avis, on est dans une mauvaise voie. Les tarifs sont toujours établis d'une façon arbitraire sans qu'on puisse voir la règle qui a présidé à la fixation de chaque prix.

Celui de Bordeaux n'échappe pas à ce reproche : l'écart entre le prix de vente et le prix d'achat qui devrait être la base de toute convention, varie sans aucun motif appréciable, dans des proportions énormes.

« En voici quelques exemples, non pas pour critiquer les bénéfices que se réservent les pharmaciens, c'est une question que je n'ai pas

______

(1) Note qui m'a été envoyée par M. Darquier.

à examiner, mais pour justifier ce que j'ai dit des tarifs. Je prendrai pour cela quelques remèdes des plus usités : le sulfate de quinine coûtant de 50 à 55 fr. le kilo, soit 5 centimes le gramme, est coté 50 centimes le gramme, soit 10 fois plus cher. Le détail qu'on invoque est compensé par le paiement des cachets ou des paquets. Ainsi cette ordonnance fréquente de 1 gramme de quinine en 4 cachets est facturée, d'après le tarif, 50 centimes plus 20 centimes, total 70 centimes.

« L'acide phénique qui coûte, ou plutôt qui coûtait (car la guerre l'a fait hausser) de 2 millimes à 3 millimes le gramme, est coté 10 centimes le gramme, soit 33 fois plus cher. Le benzo-naphtol est coté 10 fois plus cher que le prix d'achat; l'antipyrine 7 fois plus cher; l'acétate de plomb 3 fois plus cher. Pour d'autres articles, la majoration tombe à 150 ou 200 %. Pourquoi ces énormes variations? Que peuvent y comprendre les mutualistes et bien d'autres? C'est là un inconvénient majeur des tarifs, ils ne reposent sur aucune base.

« Actuellement, à Toulouse, chaque société fait au mieux de ses intérêts, mais certaines d'entre elles sont fort exploitées.

« Provisoirement, dit mon correspondant, on a inauguré, il y a quelques années, le système suivant : on prend pour base le tarif des pharmaciens de la Seine, les notes des pharmaciens qui fournissent les remèdes à nos malades sont établies d'après ce tarif, et subissent un rabais de 33 %. Les sociétés les plus importantes ont adopté la même marche.

« La pharmacie mutualiste votée par le Congrès est restée à l'état de projet, il croit qu'elle est impossible; il faudrait établir un trop grand nombre de succursales, à cause de l'énorme étendue de la ville, eu égard à sa population.

« Quant à l'abonnement des sociétés avec les pharmaciens, il n'existe que dans la campagne ou dans les petites localités des environs. »

C. — *Pharmacies mutualistes.*

M. Puteaux, peu favorable à ce genre de pharmacies, est pourtant celui qui nous donne les documents les plus complets dans le rapport qu'il lut, au nom de la *Ligue nationale de la Prévoyance*, au IVᵉ Congrès national de Bordeaux (1892).

« C'est à Bruxelles, dit-il, qu'est née l'idée des pharmacies coopératives. Vers 1863, l'augmentation constante du prix des médicaments, leur qualité souvent très inférieure, ont donné naissance à une fédération libre des sociétés de secours mutuels de Bruxelles et de ses faubourgs. Ces pharmacies ont acquis, tout de suite, avec un très faible apport pour leur constitution, des résultats merveilleux. L'œuvre a pris une grande extension. Plus de six officines dont la valeur augmente de jour en jour ont été créées en quelques années, et n'ont coûté, comme coustitution de capital, que la modeste somme de 1 fr. 50 par membre fédéré. On a même fondé à Bruxelles un magasin central des plus importants dont l'approvisionnement, grâce à la grande quantité des produits employés dans les diverses officines, se fait à des conditions exceptionnelles, assurant des bénéfices importants aux membres associés, lesdits bénéfices répartis annuellement entre chaque société mutuelle adhérente, au prorata de l'importance de ses factures (1).

« Il s'est rencontré en Belgique d'intelligents initiateurs de cette organisation, notamment à Gand, où la société Vooruit fut la première à suivre l'exemple donné par les mutualistes bruxellois, en instituant, en octobre 1885, au Marché au fil, une grande officine coopérative.

« Peu après, sur tout le territoire belge, à Verviers, à Anvers, à Liège, s'établirent des pharmacies coopératives qui possèdent aujourd'hui une clientèle considérable et dont l'installation ne laisse rien à désirer.

« Les sociétés mutuelles genevoises ont réussi à constituer une pharmacie coopérative sur l'exemple de Bruxelles, Anvers, Charleroi, Gand, Liège, Mons, Verviers, etc. »

Voici la circulaire que la jeune pharmacie populaire genevoise adressa aux sociétés mutuelles de Genève :

« Nous avons l'avantage de vous annoncer que la société des pharmacies coopératives populaires a ouvert sa première officine, quai des Bergues, 27, le 26 décembre 1891.

« Cette utile institution a été établie par l'association de 40 sociétés

---

(1) La pharmacie centrale de Bruxelles établit, en fin d'année, les comptes des sociétés mutuelles débitrices, les encaisse, fait le bilan et répartit aux sociétés associées les bénéfices au prorata de leurs achats.

En 1891, le chiffre des ventes a été de 177.318 fr. aux sociétés et 116.939 fr. au public et les bénéfices nets de 42.082 fr.

C'est, pour l'ensemble, un bénéfice de 20 p. 100.

Mais comme ce bénéfice revient tout entier aux sociétés, celles-ci réalisent, en fait, une économie de 70 p. 100 sur leurs achats. Leurs dépenses pharmaceutiques se trouvent ainsi réduites de plus des deux tiers.

de secours mutuels, en cas de maladies, c'est-à-dire que cette œuvre est éminemment philanthropique et non une affaire de spéculation.

« Malgré tous les obstacles qu'il a rencontrés, le Comité d'initiative est arrivé au but qu'il se proposait : celui de fournir aux sociétés de secours mutuels, en cas de maladie, aux institutions de bienfaisance et au public en général, des médicaments de première qualité et aux prix les plus réduits.

« Nous savons que l'opinion publique est avec nous ; aussi est-ce avec la plus entière confiance que nous faisons appel à votre coopération pour la prompte réussite de l'œuvre que nous avons entreprise.

« Sans doute notre commencement est modeste, car une seule officine située au centre de la ville ne pourra desservir efficacement, surtout dans les cas pressants, les quartiers éloignés, ainsi que la banlieue. Mais si, comme nous l'espérons, vous contribuez à notre prompt développement, nous pourrons bientôt élargir le cercle de notre action bienfaisante et en faire profiter tous les centres populeux de notre canton. »

Cet exemple a été suivi en France, et nous rencontrons à Marseille, à Grenoble et à Limoges des pharmacies spéciales aux sociétés de secours mutuels, qui produisent d'excellents résultats, mais dont l'action forcément bornée, ne donne pas lieu à de grands bénéfices.

« En effet, chez nous la loi très ancienne qui régit la matière ne permet pas aux pharmacies coopératives de ces villes d'étendre leur action bienfaisante en dehors des membres de la mutualité comme cela se pratique en Belgique et ailleurs.

« En France, l'exercice de la pharmacie est réglé par deux textes principaux : la déclaration royale du 25 avril 1777 et la loi du 21 germinal an XI, aux termes desquels l'ouverture d'une pharmacie ne peut se faire qu'à une double condition : 1° que le pharmacien titulaire soit muni d'un diplôme régulier ; 2° qu'il soit propriétaire de l'officine.

« S'il en est autrement, le propriétaire de la pharmacie et le diplômé, qui n'est que gérant, peuvent être poursuivis devant la juridiction correctionnelle. Or, les sociétés de secours mutuels de Grenoble, ayant fondé, pour leur compte, vers 1878, une pharmacie dont elles avaient confié la direction à un pharmacien diplômé, chargé, moyennant un salaire déterminé, de préparer et de distribuer aux membres participants des Sociétés syndiquées les médicaments ordonnés par les médecins, les pharmaciens de la

ville se considérèrent comme lésés dans leurs intérêts et intentè-
rent des poursuites contre le gérant et le président du Syndicat des
sociétés. Un arrêt de la cour de Grenoble du 23 août 1879 donna
tort aux pharmaciens. L'affaire, qui était sans précédent, vint, sur
pourvoi à la chambre criminelle de la Cour de Cassation, et donna
lieu à une discussion approfondie à l'audience et à un délibéré à
la chambre du Conseil. La Cour, par arrêt du 17 juin 1880, re-
poussa définitivement les prétentions des pharmaciens en décla-
rant que les dispositions combinées de la déclaration du Roi du
25 avril 1777 et de la loi du 21 germinal an XI ne s'appliquent
qu'aux officines ouvertes. Une pharmacie achetée par une société de secours mutuels, pour son usage exclusif, où il est cons-
tant, en fait, que le public étranger à cette société n'est pas admis,
et où les médicaments ne sont livrés qu'aux membres de l'association, lesquels sont en même temps les copropriétaires de la pharmacie, ne constitue pas une officine ouverte dans le sens de la législation de la matière. En conséquence, le président de la société
à laquelle appartient l'officine, et le pharmacien diplômé qui gère
celle-ci ne commettent aucune contravention aux dispositions de
la loi précitée.

« Cet arrêt a définitivement fixé la jurisprudence et soustrait à
toute poursuite les organisateurs des pharmacies coopératives,
mais les motifs dont s'est inspirée la Cour de Cassation doivent être
retenus pour bien fixer les conditions auxquelles doit satisfaire
une pharmacie coopérative, pour que sa création et son fonctionnement soient à l'abri de toute critique.

« Une condition essentielle qui ne demande pas d'explications,
c'est que le gérant doit être muni d'un diplôme régulier. Il faut,
en second lieu, que les Sociétés adhérentes soient placées sous la
surveillance de l'autorité administrative pour qu'il soit authenti-
quement établi que les sociétés se chargent de fournir à leurs
membres participants les médicaments, et que la délivrance de ces
médicaments n'a lieu que sur ordonnance du médecin.

« Enfin, la délivrance des produits pharmaceutiques doit être
limitée aux seuls membres des sociétés adhérentes et nul étranger
à ces sociétés ne pourra être admis à se faire délivrer des médicaments. Cette solution est imposée à la fois par les lois sur l'exercice de la pharmacie, au point de vue des poursuites pénales, et
par la législation concernant les sociétés coopératives pour assurer le caractère non commercial des opérations et les soustraire
aux impositions fiscales et à la compétence commerciale.

« L'application de cette règle peut donner lieu à quelques difficultés. Les membres honoraires, par exemple, bien que devant
être considérés comme sociétaires, ne paraissent pas devoir être
admis à demander la fourniture des médicaments. Quelques sociétés ont cru pouvoir admettre, moyennant une cotisation restreinte, des membres adhérents en leur accordant le privilège de
s'adresser à la pharmacie coopérative pour la fourniture des médicaments à titre onéreux. Cette manière de procéder serait en opposition avec la jurisprudence exposée ci-dessus et les principes
généraux des lois sur les sociétés. Ces adhérents ne pourraient être
considérés comme membres des sociétés de secours mutuels;
cette qualité s'acquiert par l'admission prononcée suivant une
procédure déterminée et par une participation complète aux
charges de la société en échange d'avantages égaux pour tous;
ils ne seraient pas sociétaires au point de vue de la délivrance
des médicaments, puisque la société, dans l'hypothèse prévue,
ne s'engage pas à leur fournir gratuitement et que la délivrance
des médicaments n'en serait pas autorisée et contrôlée par les
médecins de la société.

« La combinaison dont il s'agit ne serait pas exempte d'un but
de spéculation et d'un intérêt purement mercantile que l'arrêt de
la Cour de Cassation dénonce comme blâmables et considère comme
spécialement visés par les restrictions de la déclaration de 1777 et
de la loi de l'an XI. Il faut donc repousser cette extension ultralé-
gale de la coopération. »

1° Première pharmacie mutualiste de Marseille.

La pharmacie spéciale des sociétés de secours mutuels de Marseille a été créée en 1865; elle compte donc trente-cinq années
d'expérience pratique. Les premiers frais d'établissement se sont
élevés, en chiffre rond, *à onze mille francs*. Cette dépense a été faite
par les premières sociétés adhérentes, représentant 2.215 sociétaires, au moyen d'une mise de fonds de 1 franc par personne et
du paiement anticipé d'un premier semestre de leur abonnement
à la pharmacie au taux de 7 fr. par an et par sociétaire.

Dès que le capital de réserve a été constitué, l'administration de
la pharmacie a fait bénéficier les sociétés des économies réalisées
en abaissant le chiffre de l'abonnement.

C'est ainsi qu'elle est arrivée à ne plus faire payer aux adhérents au lieu de 7 fr., que *quatre francs cinquante centimes par an*. Son capital dépasse 100.000 francs. M. Chastoul, qui en est le président depuis de longues années, donna au VIe Congrès national de Bordeaux tous les renseignements désirables. Le lecteur n'a qu'à s'y reporter.

2° Seconde pharmacie mutualiste de Marseille.

La société des commis et employés de Marseille a créé une pharmacie mutuelle depuis quelques années. Elle a des bénéfices. Actuellement elle délivre gratuitement les médicaments aux membres de la famille habitant sous le même toit que le sociétaire en recevant une cotisation unique de 0 fr. 90 par mois. Si le sociétaire ne paie pas cette rétribution de 0 fr. 90, sa famille n'a pas droit aux remèdes. La mise de fonds a été de 12.000 francs. L'amortissement se fait en débitant le compte de pharmacie marchandises de 10 %. Ces 10 % se créditent sur les factures et les recettes de la pharmacie.

C'est à cette société que le Syndicat des pharmaciens des Bouches-du-Rhône, se croyant lésé dans ses droits, a intenté un procès qui a fait grand bruit dans le monde mutualiste, et qui s'est terminé par un jugement du Tribunal de Marseille favorable à la société. La cour d'appel d'Aix devant laquelle appel a été interjeté, a confirmé le premier jugement et condamné les appelants aux frais. (Voir le journal « *Le Secours mutuel* » de mars 1900.)

Le procès est en ce moment en Cour de cassation.

3° Pharmacie mutualiste de Grenoble.

La pharmacie centrale des sociétés de secours mutuels de Grenoble fut fondée le 1er juillet 1878, dans des conditions un peu onéreuses puisque le prix d'acquisition d'une pharmacie existante fut de 15.000 fr., ce qui n'est pas peu, et les frais d'appropriation et d'installation 7.540 fr. en tout 22.540 francs.

Le 1er juillet 1881 l'essai triennal était terminé. La Commission administrative constatait, dans son rapport imprimé, que la dépense de ces trois années donnait une moyenne inférieure de 23 % à la dépense faite par les neuf sociétés, au cours de l'année qui avait précédé l'installation du dispensaire.

La réussite était complète et les efforts des adversaires avaient réussi à donner à l'œuvre une sanction légale qui lui manquait.

4° **Pharmacie mutualiste de Limoges.**

Enfin, à Limoges, une récente tentative de pharmacie mutualiste vient d'avoir lieu. Ce sont les deux pharmacies mutualistes de Marseille qui ont servi de modèle. L'entreprise n'a pas marché sur des roulettes assurément, puisqu'une commission d'études ayant été nommée, M. Sénèque fut chargé du rapport. Il passe en revue, dans son rapport, tous les inconvénients et même les dangers de cette entreprise ; mais il ne se laisse pas intimider pour si peu, et trouve des arguments vainqueurs pour toutes les objections qui lui sont faites.

M. Sénèque a fouillé à fond la pharmacie la plus ancienne de Marseille, pharmacie que j'appellerai la *pharmacie Chastoul*, nom qu'elle devrait porter, et comme il en a constaté la grande prospérité il ajoute :

« Après avoir examiné cette première société, nous allons, pour répondre à une objection souvent faite, en examiner une deuxième.

« On nous a dit et répété : Mais les résultats de cette grande société de Marseille proviennent de sa puissance d'organisation et de groupement ; avec 7.014 familles, on peut obtenir ce qu'on ne pourrait avoir avec 2.500 ou 3.000 familles, et nous aurons de ce fait un prix de revient plus élevé.

« Nous allons, comme réponse, vous citer les chiffres et l'exemple d'une deuxième société, formant un groupement notablement inférieur à celui que nous formons d'ores et déjà. »

C'est la 2ᵉ pharmacie marseillaise, la pharmacie Pagès, qui est également prospère, dont il donne le bilan.

Un peu plus loin il ajoute :

« Il est une troisième objection qu'on nous a faite et à laquelle nous allons répondre par un troisième exemple.

« On nous a dit : Vous tablez sur Marseille, mais savez-vous si les conditions hygiéniques de la population ouvrière de Limoges correspondent aux conditions hygiéniques de la même population à Marseille ? Il peut y avoir là un inconnu qui vous réservera des mécomptes.

« Qu'est-ce qui nous assure que le nombre de nos malades n'est pas plus grand, la moyenne de nos maladies plus longues, et, par suite, que nos dépenses pharmaceutiques ne seront pas beaucoup plus considérables peut-être ?

« Pour répondre à cette objection que nous reconnaissons

être très sérieuse, il existe à Limoges un établissement qui nous a fourni très obligeamment les indications les plus précises et les plus catégoriques, nous voulons parler de la pharmacie du Bureau de bienfaisance qui, chacun le reconnaîtra, est en situation de posséder à ce sujet les renseignements les plus complets et les plus authentiques, basés sur une longue et douloureuse expérience. Or, il résulte des renseignements fournis que la dépense au Bureau de bienfaisance est de 3 fr. 36 centimes par famille.

« Vous conviendrez, Messieurs, que ce chiffre, même porté à 3 fr. 50 centimes n'a rien d'effrayant, et que c'est même un maximum que nous n'atteindrons pas, car il est hors de doute que les conditions hygiéniques moyennes de nos familles sont supérieures aux conditions des familles secourues. Du reste, on nous a appris que, sur le contingent total, il existe environ 1.000 vieillards, qui, sans être positivement malades, sont dans un état d'épuisement et de débilité très grand, et constituent, à eux seuls, une véritable charge pour la pharmacie, charge que nous n'aurions pas, car nous, nous aurons des vieillards, mais en bien plus faible proportion.

« Enfin, Messieurs, et pour terminer cet exposé, on a fait grand bruit de chiffres tirés des résultats de la pharmacie mutualiste de Grenoble. Nous ne reprenons ces chiffres que pour mémoire, car l'organisation de Grenoble, restreinte aux seuls sociétaires et non aux familles, n'est pas notre idéal, les frais généraux en sont forcément plus élevés puisqu'ils s'appliquent à un groupement bien plus faible, et l'effet utile de la dépense totale est par suite bien plus réduit qu'il ne le sera dans le système que nous avons adopté.

« Néanmoins, nous ne tenons pas à laisser subsister d'appréhensions dans l'esprit de nos camarades; et nous allons rationnellement refaire, avec les chiffres mêmes de Grenoble, les calculs un peu trop fantaisistes qui ont été lancés dans le public, etc., etc. »

Malgré les difficultés qu'a signalées M. Sénèque, une pharmacie mutualiste a été fondée à Limoges, elle fonctionne, et même elle a dû subir déjà un procès de la part du Syndicat des pharmaciens de la Haute-Vienne, procès qu'elle a gagné au grand profit des mutualistes limougeaux.

D. — *Abonnements pharmaceutiques.*

1º Système de Saint-Étienne.

Un quatrième système mis en pratique, d'abord à Saint-Étienne, semble préférable à certains mutualistes en ce qu'il ne nécessite pas une première mise de fonds, qu'il donne toutes les garanties suffisantes en ce qui concerne la bonne qualité des médicaments, et qu'il réalise une économie sur le système en vigueur à Toulon.

1° *Système de Saint-Étienne*. — L'*Union des Sociétés de secours et de prévoyance mutuelle* de la Loire a passé, avec un pharmacien de Saint-Étienne, un traité d'après les bases suivantes :

Le pharmacien s'engage, moyennant le prix d'un abonnement, à délivrer aux sociétaires malades et à leurs familles les médicaments au prix coûtant. Les achats sont faits par une commission sur les indications professionnelles du pharmacien.

Le prix de l'abonnement qui lui est payé est de 2 fr. 50 par sociétaire et par an, jusqu'au chiffre de 2.000 abonnés; 2 fr. 40 par sociétaire et par an, de 2.000 à 3.000 abonnés, passé 3.000, le 5 % du produit des abonnements supérieurs est affecté à une œuvre désignée par l'*Union*.

Enfin les sociétés ne faisant pas participer la famille aux avantages du traité, payent 1 fr. 80 par sociétaire et par an.

D'après un article paru dans la *Mutualité Forézienne* (1), ce système aurait procuré, en 1897, aux sociétés faisant partie de l'association, une économie de 40 % sur les frais pharmaceutiques précédemment payés, et cela sans responsabilité aucune. — Les membres de ces sociétés ont également une notable diminution sur le coût des médicaments pris pour leurs familles.

2° Système de Toulon.

C'est cette organisation pharmaceutique de Saint-Étienne qui a donné à la Mutualité toulonnaise l'idée de s'organiser de la même façon. Nous en trouvons la trace dans le journal *Le Petit Paysan* des 5 septembre 1891 et 30 janvier 1892.

En voici l'économie : les sociétés toulonnaises sont syndiquées sous la dénomination de « Union pharmaceutique ». Les sociétaires paient à l'Union un abonnement de 3 fr. par an, et comme les membres de la famille sont admis à profiter du service, ils paient 4 fr. par an au-dessus de dix-huit ans, et 2 fr. par an de deux ans à dix-huit ans. Les enfants au-dessous de deux ans ne sont pas admis.

Au moyen de cet abonnement, l'*Union pharmaceutique* s'engage à payer, pour le compte des adhérents et de leurs familles, reconnus régulièrement malades, tous les frais pharmaceutiques, sauf

____

(1) Journal aujourd'hui disparu.

les spécialités, les remèdes de luxe, et les appareils de chirurgie et d'orthopédie.

L'Union pharmaceutique est ainsi un tampon entre la société et le pharmacien. Le sociétaire ne paie pas directement le pharmacien, comme à Saint-Étienne, puisque c'est l'Union qui se charge de ce soin. De plus, elle vérifie les ordonnances, surveille le prix des remèdes, et donne à ce service une importance très grande.

L'expérience n'a pas donné les résultats que l'on attendait de cette intelligente organisation, et l'Union pharmaceutique a dû porter à 4 fr. la cotisation annuelle des hommes et à 3 fr. celle des enfants. Attendons, avant de juger, de connaître les résultats de cette nouvelle organisation.

Voici à cet égard l'opinion de M. Hérente, l'organisateur de ce service, qui l'a consignée dans une note qu'il nous a adressée :

« Ce qu'il est important pour nous de connaître, c'est que notre service nous procure chaque année, une économie de 80 à 100 % sur les prix usuels faits aux sociétés de secours de la ville; et si nous avons eu un déficit un peu considérable, c'est que les cotisations primitivement fixées étaient trop faibles; les cotisations actuelles nous permettront d'équilibrer nos dépenses avec nos ressources ordinaires.

« Il convient aussi de dire que les pharmaciens de Toulon sont syndiqués et qu'il n'a été possible de traiter qu'avec le seul qui ne fait pas partie du Syndicat; c'est pour cette raison que nous n'avons pu, jusqu'à ce jour, doter chacun de nos trois faubourgs d'un desservant particulier ».

3° Système d'Angers.

Il n'existe pas à Angers, comme on le croit, de pharmacie coopérative. Voici ce que dit à ce sujet un mutualiste angevin, M. Cordier, dans une note manuscrite : « Notre première intention était bien de fonder une pharmacie appartenant aux sociétés de la ville d'Angers, mais nous ne songions pas alors qu'il existait un autre moyen pratique pour lutter contre les exigences exorbitantes de MM. les pharmaciens. Mais nous nous sommes heurtés à plusieurs inconvénients qui nous ont fait abandonner ce projet, et nous avons cherché une autre solution.

« Nous nous sommes adressés à un pharmacien qui se trouvait avec une clientèle presque nulle, et qui était sur le point de fermer, et nous lui avons demandé s'il voulait accepter la clientèle des sociétés de secours mutuels adhérentes au Syndicat consultatif, en nous donnant ses prix les plus réduits. Il a accepté sous réserve que nous pourrions lui garantir une clientèle de sociétaires d'un minimum de 3.000 personnes. Depuis 1890 que ce système de fourniture chez un seul pharmacien est en vigueur, nous n'avons eu aucune réclamation sérieuse, soit de la part des sociétaires, soit de la part des médecins, et cependant nombre de médecins ont, parmi les pharmaciens évincés, de bons amis. Ils ont protesté contre le système, mais ils n'ont jamais pu formuler une réclamation contre la fourniture et la qualité des remèdes. Les pharmaciens furieux se sont syndiqués et font le possible et même l'impossible pour désorganiser notre service ; mais les avantages trouvés par les sociétés ont été trop sérieux pour que nous puissions écouter les raisonnements de ces Messieurs.

« Le pharmacien adopté par nous, de ce côté a fait une très belle affaire : il a 4.000 clients assurés qui payent un abonnement de 2 francs par an. Cela lui fait une recette de 8.000 francs certaine, et sa clientèle a, de ce fait, beaucoup augmenté par les autres personnes qui sont venues à cette pharmacie, et maintenant il a une des meilleures officines d'Angers.

« Voici les conditions : 1° les sociétés adhérentes versent une cotisation annuelle de 2 francs par sociétaire payable à raison de 50 centimes par trimestre ; 2° les femmes de sociétaires et les enfants jusqu'à l'âge de seize ans, peuvent être compris dans l'abonnement aux mêmes conditions, mais sous la garantie de la société du mari. La femme et les enfants, pour être acceptés, doivent fournir un certificat de médecin constatant leur état de santé, lors de l'admission.

« Les enfants sont admis en bloc et non les uns sans les autres.

« Les autres articles n'offrent rien de bien particulier ni d'intéressant, aussi les passerons-nous sous silence. Les avantages qui en résultent sont : 1° il n'y a pas de capitaux exposés ; 2° on évite une surveillance toujours difficile, quelquefois désagréable ; 3° la vente est toujours suffisante pour couvrir les frais généraux ; 4° on n'est pas exposé à subir les tracasseries des autres pharmaciens qui sont très jaloux des officines coopératives ainsi qu'ils l'ont montré à Grenoble, et à Marseille. »

(Note fournie par M. le président du Syndicat consultatif d'Angers.)

IV. — CONCLUSION GÉNÉRALE

Voici ce que conclut M. Émile Bernard, notre collaborateur si compétent en la matière, dans la note qu'il nous a remise :

« On a cherché les meilleurs moyens de diminuer les dépenses, est-ce à dire qu'on les a trouvés ?

« Nous ne le pensons pas, puisque les sociétés de secours mutuels se plaignent de ce service qu'elles trouvent trop onéreux. De là une sorte de mécontentement parmi les sociétés, dont le Syndicat Girondin des Institutions de Prévoyance de Bordeaux s'est souvent fait l'écho, mécontentement qui se traduit par le désir d'organiser ce service indispensable sur des bases nouvelles en fondant partout des pharmacies coopératives dont quelques-unes fonctionnent déjà à l'usage exclusif des sociétaires et de leurs familles.

« Ces fondations donneront-elles toute l'économie qu'on est en droit d'en attendre, l'ont-elles déjà procurée dans les différentes villes où elles ont été instituées ?

« Nous ne pouvons l'affirmer encore d'une façon générale et précise, bien que cependant les groupes de sociétés soumises à ce régime paraissent en retirer de réels avantages. Mais dans les grands centres, ces pharmacies coopératives devraient être assez nombreuses pour donner satisfaction aux mutualistes et à leurs familles, à cause des grandes distances à parcourir. Grave difficulté !

« Aussi, est-ce pour la résoudre au mieux des intérêts des sociétés de secours mutuels et dans les conditions les plus favorables d'application et d'économie, que le Syndicat Girondin émit le vœu suivant dans son assemblée générale du 20 octobre 1899, vœu adopté à l'unanimité :

« Que les pharmacies dites coopératives devant servir à l'usage
« exclusif des sociétés de secours mutuels, autorisées ou libres, et
« aux familles des sociétaires, soient assimilées aux pharmacies des
« hôpitaux et des maisons de secours dépendant des Bureaux de
« bienfaisance. »

« Ce vœu a été présenté à la première assemblée générale du Conseil supérieur de la Mutualité Française, par M. Lacroix, membre de ce conseil, vice-président du Syndicat Girondin, chargé d'en développer les motifs.

« Si les pouvoirs publics donnaient à ce vœu la solution qu'il comporte, un seul pharmacien en chef serait suffisant dans chaque ville, comme pour les hôpitaux et les bureaux de bienfaisance, à la direction d'une pharmacie principale et des sous-pharmacies ou succursales, gérées par des aides sous la responsabilité et la surveillance du pharmacien en chef.

« Il n'est pas besoin de faire ressortir l'économie considérable qui résulterait d'une pareille organisation des pharmacies coopératives.

« A Bordeaux le service pharmaceutique a été fait depuis 1859 jusqu'en 1894, par un Syndicat unique de pharmaciens, comprenant presque tous les praticiens de la ville et de la banlieue, et d'après un tarif établi par les pharmaciens eux-mêmes et imposé par ceux-ci aux sociétés de secours mutuels.

« Dans le courant de la même année 1894, un nouveau syndicat s'est constitué sous le nom de *Comité pharmaceutique,* qui fait aux sociétés de secours mutuels, une différence à leur profit de 15 % sur les prix du premier syndicat.

« Cette concurrence entre les deux syndicats peut devenir particulièrement favorable aux sociétés, sans qu'elle soit un danger pour elles au point de vue de la bonne préparation des remèdes et de la valeur des produits qui les composent.

« Il ne nous est pas permis, en effet, d'admettre un seul instant qu'un rabais sur un tarif déjà réduit « enlèverait la presque totalité des bénéfices et exposerait peut-être les sociétaires à consommer des préparations défectueuses et des produits de qualité médiocre, alors qu'eux, travailleurs, ont besoin, plus que personne, de médicaments irréprochables amenant un prompt soulagement de leurs maladies ». (Extrait de la Lettre du Président du Syndicat des pharmaciens de Bordeaux (juillet 1893) au Président du Syndicat Girondin) (1).

« Ce serait faire une injure gratuite aux pharmaciens français qui jouissent justement de la plus grande réputation de probité professionnelle, *urbi et orbi.*

« A Lyon, le tarif des bureaux de bienfaisance est adopté en faveur des sociétés de secours mutuels, avec une majoration de 6 % au profit des pharmaciens fournisseurs. Nous voulons espérer pour les ociétés de Lyon que ce tarif est moins onéreux que celui des bureaux de bienfaisance de Bordeaux, dont une sage réforme s'impose. Cette réforme profitera indirectement aux Sociétés de secours mutuels. C'est pour cela que nous la signalons

(1) Déjà reproduite ci-dessus, page 53.

en passant au Président de l'Assistance publique de Bordeaux.

« A Toulon, et dans d'autres villes, c'est le système de l'adjudication qui a prévalu et dont les sociétés paraissent satisfaites. C'est aussi celui auquel nous accordons toutes nos préférences, à la condition cependant qu'il repose sur le prix de revient des produits pharmaceutiques, d'après le tarif d'une maison de droguerie de Paris.

« Là réside peut-être la véritable base de l'organisation du service pharmaceutique, sans contestation possible entre les intéressés, les sociétés de secours mutuels, comme leurs fournisseurs, devant y trouver pleine satisfaction. Il ne faut pas oublier, en effet, que si les sociétés de secours mutuels ont droit au tarif le plus réduit, les pharmaciens doivent recevoir aussi la juste rémunération de la vente de leurs produits et de leurs peines et soins.

« Les divers tarifs appliqués aux sociétés de secours mutuels, dont les prix diffèrent dans de très notables proportions de ville à ville, donnent lieu à des réclamations sans cesse renouvelées de la part de ces sociétés.

« Avec le système de l'adjudication organisée dans le sens que nous indiquons, on ne verrait que bien rarement les sociétés de secours mutuels payer les médicaments un prix le plus souvent autrement élevé que celui qui est imposé au public ordinaire, aisé ou riche.

« Actuellement les sociétés de secours mutuels françaises consomment chaque année pour plus de trois millions de médicaments sous toutes les formes; la famille des sociétaires vient facilement tripler ce chiffre payé aux pharmaciens avec une très grande régularité et au comptant.

« Or, pareille clientèle si intéressante sous tous les rapports, mérite des égards; les pharmaciens français l'ont d'ailleurs bien compris puisqu'ils redoutent de la voir leur échapper; de là les procès qu'ils soutiennent en vain pour défendre leurs privilèges, contre les mutualistes de Marseille qui ont fondé en France, les premiers, une pharmacie coopérative, et contre ceux de Limoges depuis.

« Les pharmaciens voient donc avec un extrême déplaisir le moment peut-être très prochain arriver, de l'institution dans toutes les villes grandes et petites du pays de ces pharmacies coopératives, alors qu'à notre avis ils pourraient obtenir définitivement la fourniture des médicaments nécessaires aux sociétés de secours mutuels, d'après un tarif équitable. Il y va de leur intérêt professionnel et de leur intérêt pécuniaire.

« Nous concluons donc, pour l'organisation du service pharmaceutique en France, d'abord à l'entente cordiale entre pharmaciens et mutualistes d'après le principe d'un tarif basé sur les prix de revient avec une majoration à bénéfice d'un minimum de tant pour cent, au profit des pharmaciens, sur le pied, autant que possible, du système d'adjudication entre syndicats pharmaceutiques ou pharmaciens isolés (1).

« A défaut d'entente avec les pharmaciens, nous concluons formellement, en second lieu, à la création de nombreuses pharmacies coopératives. » (Émile BERNARD.)

V. — CONCLUSIONS PERSONNELLES

Ce sont les conclusions que nous adoptons, nous aussi, après M. Émile Bernard et M. Darquier, en 1900, M. Georges Fauché et M. Arthur Petit, en 1892. Nous espérions même que ce dernier, en raison de la haute situation qu'il occupait puisqu'il était le président de l'*Association générale* des pharmaciens de France, réussirait à réaliser la proposition qu'il fit au Congrès de Bordeaux, à savoir : que « dans l'intérêt du service des malades et dans l'intérêt des sociétés mutuelles, il est préférable de maintenir le tarif, de l'examiner attentivement après avoir été créé par les sociétés de pharmacie ». Il ajoutait : « Il n'y a pas tellement de différence entre les tarifs des différentes villes, qu'on ne puisse établir un tarif uniforme, et, de là, arriver à un abaissement de tarif uniforme et général (2). »

Ces conclusions furent adoptées par le Congrès, et quoique huit années se soient écoulées depuis que ces belles paroles ont été prononcées, qu'est devenu ce projet de tarif uniforme? Assurément nous ne mettons pas en doute la bonne foi de M. Petit, mais que peut-il tout seul, et quel écho a-t-il trouvé chez ses confrères? C'est là probablement que gît la difficulté, comme il en a été de même de tout temps, le pharmacien croyant naïvement qu'il n'a qu'à résister pour vaincre, au lieu d'entrer hardiment dans les idées modernes de philanthropie qui honorent la fin de notre siècle et

(1) C'est aussi la conclusion de M. Darquier (de Toulouse).

(2) Au moment de publier ces pages, nous apprenons que M. Petit n'est plus le Président de l'Association dont nous parlons. Il est remplacé par M. Rièthe (de Paris).

caractériseront, par leur généralisation, le vingtième siècle que nous allons inaugurer.

La méconnaissance de ces lois économiques crée au corps pharmaceutique des ennuis et des dépenses qu'il éviterait facilement s'il entrait résolument dans la voie tracée par l'un de ses chefs, M. Arthur Petit, et approuvée par des pharmaciens vraiment philanthropes, comme M. Émile Bernard (de Bordeaux), M. Villette (de la Ferté-Gaucher), et grand nombre d'autres que je pourrais nommer.

M. Émile Bernard, toujours désireux d'éclairer la question par des recherches sérieuses, me remet à l'instant une note que je m'empresse de publier parce qu'elle éclaire d'un jour nouveau la question pharmaceutique, et qu'elle va peut-être ouvrir une ère nouvelle dont profiteraient les sociétés, si elles y trouvent un avantage quelconque. Dans tous les cas, la question vaut la peine d'être étudiée et c'est pour cela que nous la soumettons au *Congrès international de la Mutualité*.

« Il s'est fondé à Paris une « Compagnie d'assurances à cotisations fixes contre les dépenses de médecine et de pharmacie », sous le nom de « La Fraternelle médicale et pharmaceutique ». Les pharmaciens qui désirent devenir fournisseurs de la société, doivent d'abord souscrire à deux parts bénéficiaires de la Société à 1.000 francs l'une, soit 2.000 francs, puis s'engager à fournir les remèdes aux abonnés au prix de revient d'après le tarif de la Pharmacie Centrale de France, avec une majoration à leur profit de 25 %.

« Il est de notre devoir d'appeler l'attention des mutualistes sur ces conditions avantageuses que les pharmaciens leur ont toujours refusées.

« Le siège social de la *Fraternelle* est situé à Paris, 11 bis, et 13, rue Drouot. »

Espérons à notre tour que la Mutualité française pourra profiter de cette évolution vers un tarif basé sur des données précises, tarif que nous ne cesserons de réclamer et que les pharmaciens seront forcément obligés de nous accorder, puisqu'ils l'accordent au public ordinaire.

Les pharmacies coopératives vont révolutionner la pharmacie française et nous ne serions pas étonné que les pharmaciens soient appelés à se féliciter d'avoir pour clients les mutualistes de toutes les villes, même au tarif majoré de la Pharmacie Centrale, et cela sans doute avant longtemps, car pour eux le temps presse.

ANNEXES DU SERVICE PHARMACEUTIQUE

J'ai donné le nom d'*annexes* du service médical, à des services venant le compléter en étendant ses bienfaits. Pourquoi, faute de dénomination meilleure, ne conserverais-je pas celle-ci en faveur de l'organisation pharmaceutique?

A. — *Analyse des remèdes.*

Il est indispensable que les remèdes fournis aux mutualistes soient toujours de premier choix, et il est probable que certaines sociétés doivent, depuis longtemps, en faire faire à l'occasion l'analyse. Et cependant cette préoccupation était bien peu dans les idées de la Mutualité puisque, au Congrès régional de Bordeaux, en 1888, M. le Dr Peytoureau lut un mémoire fort bien fait dans lequel cet honorable praticien démontra l'utilité d'un laboratoire spécial d'analyses micro-chimiques pour les sociétés ou les unions de sociétés, et que ce mémoire obtint le premier prix de la commission à laquelle il fut présenté, et depuis lors ce médecin spécialiste est chargé des analyses demandées par les sociétés qui font partie du Syndicat Girondin, et pour lesquelles il fait de grandes concessions de prix (1).

B. — *Spécialités pharmaceutiques.*

Le Comité médical de Bordeaux a pris, à la date du 28 juillet 1883, la décision suivante : « Il est certain que, sans aucun scrupule, et sans risquer en rien de compromettre la guérison rapide des malades, on peut supprimer complètement toutes les spécialités pharmaceutiques. »

Cette décision est des plus sages : elle protège la caisse de la société et favorise celle du pharmacien, car les spécialités ne sont pas les remèdes qui donnent à ce praticien le plus de bénéfice, quoique ce soient ceux qui coûtent le plus cher.

Voyons leur vertu thérapeutique.

Le vrai médecin étudie le terrain sur lequel est née la maladie; il étudie la maladie dans ses manifestations diverses, et il étudie aussi la cause de la maladie. Or, quelles variétés ne trouve-t-on pas dans les causes, dans les manifestations pathologiques et chez

(1) Voir page 38.

les individus atteints? De là une thérapeutique variée et à laquelle ne saurait être substitué un vocabulaire contenant les noms des maladies et à côté le remède à employer. C'est là ce qui constitue la science en même temps que l'art thérapeutiques.

Le médecin doit savoir formuler, et sa formule doit toujours être en rapport avec le cas particulier en présence duquel il se trouve pour arriver à la plus prompte guérison.

Il ne saurait en être ainsi avec la spécialité qui a été créée par une formule unique applicable, au petit bonheur, à tous les cas d'une même maladie qui se présentent. Elle ne tient compte ni du sexe, ni de l'âge, ni de la profession, ni des antécédents; avalez la pilule aveuglément, buvez le sirop sans réflexion, et vous guérirez si la chance vous protège !

La spécialité, qui semble être un progrès, ne l'est que pour la forme, l'élégance du produit; elle est au fond la négation de la science, puisqu'elle supprime toute initiative individuelle de la part du médecin et du pharmacien; il n'y a avantage que pour le fabricant, dont nous n'avons pas à nous préoccuper. La spécialité doit donc être interdite par le règlement intérieur de la société mutuelle.

Je dis à dessein *règlement intérieur,* et non les *statuts,* attendu que le service médical et pharmaceutique relève du Conseil d'administration et par conséquent du règlement intérieur et non des statuts ou de l'assemblée générale, ainsi qu'il est dit à l'article 25 des statuts-modèles de 1852, article qui n'a pas été abrogé par les statuts-modèles de 1899; ceux-ci même présentent cette particularité qu'ils ne disent mot de l'organisation du service médical et pharmaceutique qui reste ainsi dans le *statu quo*.

C. — *Médicaments de luxe.*

Je n'ai point à insister sur cette catégorie de médicaments qui ne saurait être utilisée par les sociétés mutuelles, sans grever d'une façon sérieuse leur budget; mais il ne faudrait pas prendre pour médicaments de luxe certains produits qui sont d'un usage journalier et dont le nom peut faire croire à quelque chose de succulent alors qu'il n'en est rien. Telle est la *liqueur de Fowler* employée journellement et d'un prix très peu élevé, et bien d'autres remèdes inscrits au Codex avec un nom pompeux.

D. — *Doses exagérées de médicaments.*

Certains médecins, pour s'éviter la peine de rédiger deux ou trois formules, ont bien vite fait d'inscrire sur la même une provision de remèdes ; c'est là, pour les sociétés, un danger en ce sens qu'une certaine quantité de ces remèdes peut n'être pas consommée, et alors n'est utile à personne. De plus, l'ordonnance se trouve surchargée au point de vue de la dépense, ce qui n'est pas sans étonner avec raison les administrateurs.

A Bordeaux, le prix moyen des ordonnances dans les sociétés mutuelles est de 1 fr. 92 centimes, de telle sorte qu'une ordonnance qui atteint le chiffre de 5 fr. par exemple, dépasse de beaucoup la moyenne et les Conseils d'administration doivent tenir la main à cette surveillance.

Il est vrai qu'ici le Comité médical, faisant le service d'une soixantaine de sociétés, a inséré dans le règlement qui régit ses rapports avec les sociétés, un article 25 ainsi conçu :

« Il est expressément défendu à tout membre du Comité, à moins d'y être autorisé par la société, de prescrire aucun médicament en dehors du Codex, aucune spécialité, médicament de luxe, bain, hydrothérapie, électricité, eaux minérales, instrument, bandage, objet de pansement, etc., ni dose exagérée de médicaments. » Et, pour que cet article 25 ait une sanction, il est dit à l'article 26 : « Sur la plainte d'une société, un médecin qui aura contrevenu à cet article, pourra subir par les soins du Bureau du Comité, sur le montant de ses honoraires, une retenue équivalente aux prix des médicaments prohibés et par lui ordonnés ; l'évaluation en sera faite d'après le tarif pharmaceutique de 1894. Un blâme lui sera de plus infligé. » Notez que ce dernier article n'est pas lettre morte, et qu'il a été plus d'une fois appliqué.

E. — *Feuilles d'ordonnances.*

La plupart des sociétés ont des feuilles d'ordonnances sur lesquelles elles appliquent leur timbre ou cachet. C'est une excellente mesure d'ordre que nous ne saurions trop recommander à celles qui ne l'ont pas encore adopté.

A Bordeaux, les feuilles d'ordonnances ne sont pas une charge pécuniaire pour les sociétés, puisque le *Syndicat des pharmaciens* et le *Comité pharmaceutique* fournissent gratuitement ces feuilles aux Sociétés adhérentes à leur service respectif.

F. — *Vérification des ordonnances.*

La vérification des ordonnances est un service indispensable à organiser par chaque société, ou, mieux encore, par les Unions de sociétés.

Cette vérification n'est pas une charge pour la Caisse parce que le vérificateur est payé au moyen d'un pourcentage à convenir sur le total des erreurs relevées, le reste revenant aux sociétés.

A Bordeaux, nous avons deux services de vérification, l'un organisé par le *Syndicat girondin des Institutions de prévoyance,* et qui ne s'applique qu'aux sociétés qui se servent du *Comité pharmaceutique,* et l'autre absolument gratuit fait par le Bureau du *Comité médical* en faveur de l'une quelconque des sociétés qu'il dessert, lorsque celle-ci croit qu'il existe des erreurs dans les ordonnances d'un trimestre.

Cette dernière vérification a lieu quel que soit le mode de fourniture employé par la société.

G. — *Dispensaires mutualistes.*

Cette question ayant été largement traitée dans la partie du rapport qui est relatif à l'organisation du service médical (1), je ne crois pas devoir y revenir, sinon pour mettre les sociétés en garde contre de prétendus dispensaires gratuits dont l'abonnement se trouve payé et surpayé par des bénéfices exagérés sur la fourniture des remèdes, et dans lesquels on ne donne jamais aucun des objets qui sont indispensables au soulagement des malades, mais dans lesquels, en revanche, on prête tous ceux dont les malades n'ont jamais besoin.

Ce sont des dispensaires de prêts, mais le don y est inconnu. La vraie mutualité est plus compatissante et plus généreuse.

VI. — CONCLUSIONS PRÉSENTÉES AU CONGRÈS

1° La création de pharmacies mutualistes coopératives doit être le but de toutes les Sociétés françaises et étrangères ;

(1) Page 35.

2° En attendant, le Congrès propose le système de l'abonnement suivi à Angers;

3° Dans tous les cas, les Sociétés et Unions sont invitées à se rattacher à un tarif aussi avantageux que possible à la prospérité de leurs finances, tout en obtenant la fourniture de produits de première qualité;

4° Les Sociétés et Unions feront bien d'organiser un service d'analyse des médicaments se confondant avec celui des analyses micro-chimiques dont il a été déjà question au n° 2 des annexes du service médical;

5° Dans l'intérêt de leurs caisses, les Sociétés et Unions doivent repousser les spécialités, les médicaments de luxe et les doses exagérées de médicaments;

6° Les ordonnances doivent être libellées sur des feuilles spéciales à chaque Société ou Union, et vérifiées quand il y aura utilité à le faire.

Ces conclusions ont été adoptées par le Congrès, sauf le 2° et le 3° qui ont été remplacés par un amendement de M. Jean Hébrard (de Montauban) dont voici le texte :

« Considérant qu'une bonne organisation pharmaceutique, par-
« tout où il ne sera pas possible de créer des pharmacies coopé-
« ratives mutuelles, est subordonnée à l'établissement contradic-
« toire d'un tarif précis, sincère et revisable annuellement,

« Le Congrès émet le vœu que, dans tous les États, un comité
« mixte soit institué, pour établir et reviser à *titre consultatif*, un
« tarif pharmaceutique à l'usage des Sociétés de secours mutuel. »

BIBLIOGRAPHIE

Annuaire de l'Association générale des médecins de France, années 1862, et suivantes.

Association des médecins de la Gironde, années 1882 et suivantes.

Comité général des Présidents de Sociétés de secours mutuels de Lyon, par M. BLETON. — Paris, 1887.

Comité médical de Bordeaux, fondé en 1864 pour le service des Sociétés de secours mutuels. — Règlements et comptes rendus des exercices 1889 et suivants. — Bordeaux, imprimerie Cassignol, rue Porte-Dijeaux, 91.

Compte rendu du Congrès mutualiste tenu à Reims en 1880.

Compte rendu du Congrès mutualiste tenu à Paris en 1881.

Compte rendu du Congrès mutualiste tenu à Rouen en 1882.

Compte rendu du Congrès mutualiste tenu à Marseille en 1882.

Compte rendu des travaux du 1er Congrès national de la Mutualité tenu à Lyon en 1883. — Paris, librairie Dupont, 1884.

Compte rendu des travaux du 2e Congrès national tenu à Marseille en 1886. — Marseille, Grande Imprimerie, 1887.

Compte rendu des travaux du Congrès-Concours Mutualiste du Havre en 1887. — Le Havre, Imprimerie du Commerce, rue de la Bourse, 3. — 1888.

Compte rendu des travaux du Congrès-Concours Mutualiste tenu à Bordeaux en 1888. — Bordeaux, imprimerie Bellier, 1890.

Compte rendu des travaux du 3e Congrès national de la Mutualité tenu à Paris en 1889. — Paris, Guillaumin et Cie, rue Richelieu, 14. — 1890.

Compte rendu des travaux du Congrès-Concours mutualiste tenu à Philippeville (Algérie) en 1890. — Philippeville, imprimerie Feuille, rue Valée, 58. — 1892.

Compte rendu des travaux du IVe congrès national de la Mutualité tenu à Bordeaux en 1892. — Féret et fils, libraires-éditeurs, cours de l'Intendance, 15. — 1894.

Compte rendu des travaux du Ve congrès national de la Mutualité tenu à Saint-Étienne en 1895. — En vente chez M. Montmeterme, rue Dubois, 2, à Saint-Étienne.

Compte rendu des travaux du VIe congrès national de la Mutualité tenu à Reims en 1898. — En vente chez M. Schnetzler, rue de l'Isle, 4, à Reims.

Compte rendu des travaux du Congrès-Concours régional tenu à Saintes en 1897. — En vente chez M. Justin-Laurent, rue des Ballets, 34, à Saintes.

Dispensaire et Bibliothèque des Sociétés de secours mutuels de la ville d'Angers. — Angers, imprimerie Lachèse et Dolbeau, rue Chaussée-St-Pierre, 4. — 1889.

Dispensaire général de Nantes. — *Rapports sur le service médical gratuit* (exercice 1890). — Nantes, imprimerie Salières, rue du Calvaire, 10. — 1891.

Echo girondin de la Mutualité, collection générale depuis 1890. — Bordeaux, imprimerie du Midi, rue Porte-Dijeaux, 91.

Loi sur l'exercice de la médecine et les professions de médecin, sage-femme et dentiste, promulguée le 30 novembre 1892.

Le paupérisme et les associations de prévoyance, nouvelles études sur les sociétés de secours mutuels, par Émile LAURENT, correspondant de l'Institut, 2ᵉ édition. — Guillemin et Cⁱᵉ, rue Richelieu, 14, à Paris.

Prévoyance et mutualité, par Ch. CERF, avec une lettre de M. Carton. — Paris, Guillaumin et Cⁱᵉ, rue Richelieu, 14. — 1891.

Revue de la Prévoyance et de la Mutualité, années 1897 et suivantes. — Paris, rue Bonaparte, 78.

Service médical des pauvres, par le Dʳ GYOUX. — Versailles, Imprimerie Aubert, 1868.

Société Mutuelle de Prévoyance des Employés de Commerce du Havre. — Le Havre, 1884.

Dʳ BUCQUOY. — *Rapport à l'Association générale des médecins de France.* — Paris, J.-B. Baillière. — 1882.

DAVENNE. — *Rapport à l'Association générale des médecins de France.* — Paris, J.-B. Baillière, 1862 et 1863.

Dʳ GRANGE. — *De la vaccination et de la revaccination pour l'admission dans les Sociétés de secours mutuels.* — Congrès-Concours mutualiste de Philippeville (1890).

Dʳ GYOUX. — *Congrès-Concours mutualiste du Havre* (1887).

MERCIER. — *Projet de modification dans les statuts des Sociétés de secours mutuels en ce qui concerne les secours médicaux.* — Congrès-Concours de Philippeville (1890).

Dʳ PEYTOUREAU. — *Note relative aux services médicaux spéciaux dans les Sociétés de secours mutuels et aux analyses micro-chimiques.* — Congrès-Concours mutualiste de Bordeaux (1888).

PICHE (Albert). — *L'achèvement des œuvres de Tourasse.* — Pau, Garet, rue des Cordeliers, 11. — 1888.

Dʳ RÉTALI. — *Congrès-Concours mutualiste du Havre* (1887). — *Congrès-Concours mutualiste de Bordeaux* (1888).

SAVIGNY. — *De l'économie dans les Sociétés de secours mutuels par la coopération du service médical et pharmaceutique.* — Congrès-Concours de Philippeville (1890).

VALLÉE. — *Des rapports des Sociétés de secours mutuels avec le Corps médical.* — Paris, librairie administrative de Paul Dupont, rue J.-J. Rousseau. — 1882.

VALLÉE. — *De la Réforme des Sociétés de secours mutuels en faveur de la famille.* — Paris, Librairie générale, 76, boulevard Haussmann. — 1880.

TABLE DES MATIÈRES

PREMIÈRE PARTIE

ORGANISATION MÉDICALE

ANNEXES DU SERVICE MÉDICAL

SECONDE PARTIE

ORGANISATION PHARMACEUTIQUE

ANNEXES DU SERVICE PHARMACEUTIQUE.